プランターで
有機栽培1

土つくり
タネとり
苗つくり

安藤康夫 著

農文協

はじめに

毎朝、日の出とともに起床し、澄んだ空気を胸いっぱいに吸いこみ、
野菜たちの生命の息吹を観察することから、一日がはじまります。

思えば8年前、ホームセンターで買ったナスとオクラとシソの苗を、
小さなプランターにいっしょに植えて、みごと失敗。
栽培の知識はゼロでしたが、
凝り性なわたしは、プランターでも畑に負けない作物をそだてたいと、
さまざまな書物を読みあさり、探究し続けました。

野菜をそだてる前に、野菜が気持ちよくそだつ環境をつくること。
小さなプランター内に森の微生物たちの多様性をどれだけとりこめるか。
わたしが探究してきた栽培のキモはここにあります。

都会のビルの屋上でも、土や野菜の残さを外にもちださず、
害虫と天敵のバランスがとれた生態系をつくり、
タネとりをくり返して野菜の子孫をつなぐ。
そんなプランター栽培の醍醐味を紹介したいと思います。

＊作物ごとのおすすめ品種、仕立てかたや肥料のやりかたなどは、姉妹書である『プランターで有機栽培２　種類別　野菜がよろこぶ育て方』にて詳しく紹介しました。本書とともに、ご活用いただければ幸いです。

ようこそ、
屋上プランター菜園へ！

プランターで有機栽培1
土つくり・タネとり・苗つくり

1 四季の屋上ベランダ菜園

そこに土があって、タネがまかれれば、
植物たちが〝おはよう〟と顔をだし、
どこからともなく、虫たちも現れる。
食物連鎖の生態系が生まれます。
ある1つの病気や害虫が、
猛威をふるうことはなくなり、
地上10mの屋上菜園にて、
怒とうの収穫ラッシュがはじまります。

冬

春の準備はもうはじまっている

ジャガイモは南側の窓辺で陽にあて、発芽を促す(浴光催芽)。
2月中旬には菜園活動のはじまり、ジャガイモの植えつけ

春の植えつけのために落ち葉を集めて腐葉土をつくる(36ページ)

土づくりの準備をし、半年先の実りを想像する

新しい野菜の探索

菜園での作業は12月から農閑期を迎えますが、頭のなかでは翌年の作付け計画がかけめぐります。つぎはどんな野菜をそだててみようか、昨年に採種したタネはどんな元気な姿をみせてくれるのか。自家採種のタネや種イモの確認、種苗カタログを物色しながら、新しい野菜の探索がはじまるのです。

　野菜をそだてるということは、半年先の実りの未来を想像すること。野菜をそだてているお年寄りは、いつも先を考えているので、そうでない方よりも健康なのだとか……。

3

1

4

2

5

1 3月に植えつけられるスナップエンドウが南側の窓辺で芽をだした 2 熱帯魚用の水槽をつかったミニハウス(66p) 3 タネは、じぶんで採種したり、ネット通販などでとりよせる 4 ソラマメは、11月初旬にタネをまき、長い冬を乗りこえる 5 ダイコンの母本選抜(63p)。形の気に入ったものを2本残し、土に埋めなおす

春

農繁期に突入！　果菜類の植えつけに大忙し

屋上菜園の主役、大玉トマトがならぶ。苗が根づいて、これからぐんぐん伸びていく

屋上が緑におおわれ、野菜の生命が躍動する！

春の植えつけを終えた屋上風景

3

1

4

2

5

〝こんにちは！〟と野菜があいさつ

陽光溢れる春、日射しに幾分チカラを感じられるようになると、がぜん菜園活動が活発に。

2月の中旬にタネまきをした夏野菜たちが、いっせいに発芽します。命の息吹、生命のはじまりは、いつも感動的な瞬間。タネを残してあげた野菜のふた葉がパッと開く瞬間は、まるで〝こんにちは！〟と、あいさつをしているようです。

4月に葉がピンとした、がっしりとした苗に仕立てられれば、その年の野菜の作柄が半分はきまるともいわれる。ゴールデンウィークに入ると、プランターへの植えつけがはじまり、支柱に結びつけたり、ネットに誘引したりと大忙し。

1 サツマイモの苗づくりがはじまる　2 夏野菜の植えつけがひと段落した6月に苗を植えつけ　3 と 4 成長の早いキュウリなどのウリ科野菜は、4月に育苗。「こんにちは！」とあいさつしてくれているよう　5 夏から秋まで収穫が続くナスも、大型プランターに2本ずつ植える

夏

梅雨明けと同時に、怒とうの収穫ラッシュ！

7月初旬の最盛期には、毎日、食べきれないほどの野菜を収穫する

ジャングルと化した屋上に、真夏の太陽がふりそそぐ

収穫のときは、娘もよろこんで手伝ってくれる

梅雨明け後は、朝夕2回の水やり生活

近所や友人におすそわけ

梅雨入りと同時に屋上菜園は活況を迎えます。

夏野菜はつぎつぎと花を咲かせて結実、7月の初旬には天空畑に豊穣の恵み、怒とうの収穫ラッシュが！　食べきれないほどの野菜が毎日収穫できるので、近所や友人たちにとりたて新鮮野菜をおすそわけしていきます。

猛暑の夏、気温35℃を超える日が続きます。なにもないコンクリートの屋上なら、強烈な照り返しで屋上の温度は50℃にもあがりますが、ジャングルと化した野菜の葉が、ギラギラした太陽を遮光し、また、朝夕の2回の散水と葉の蒸散作用により、屋上菜園は空調の稼働も軽減してくれます。

1 カボチャの花が、虫たちを誘う　2 直径27cmの9号鉢でも、この収穫！　3 トマトのタネとり。2〜3日発酵させてヌメリをとる　4 タネとり用に収穫しなかったキュウリ

秋

旬の味覚がすぐそこにある毎日

色とりどりのニンジンを収穫

サツマイモを収穫・追熟したあとは、自宅で石焼きイモ！

トマトの栽培を終え、秋野菜に衣替えを終える

気温が下がり、虫たちも少なく

まだまだ残暑の厳しい9月の初旬ですが、ダイコンのタネまきから秋冬野菜がはじまります。

冬の寒さへむかってそだてていく秋冬野菜は、「タネまきが1週間遅れると、収穫は1ヵ月遅れる」ともいわれ、まき時期を逃すと、収穫にたどりつけない野菜もあるほどです。

10月を過ぎるころは、気温も下がり、虫たちの影響も少なくなるので、短期間でそだつサラダ野菜の栽培がおすすめ。ベランダでそだてて、すぐ食卓に直行！ 名づけて"Fresh Vegetables Salad Bar Garden"。とりたての活きた生野菜サラダが堪能できます。

旬の味覚が窓辺にある。これぞ、ベランダ野菜ガーデンの醍醐味です。

一年の恵みに感謝しながら、秋の味覚を楽しむ

2

1

4

3

1 初心者でもそだてられるハツカダイコン 2 レタスなどの葉もの野菜を、浅底の育苗トレーでそだてる 3 深底のダストボックスで、ヤマイモも収穫期に 4 8月下旬〜9月上旬、時期を逃せないダイコンのタネまき

プランター菜園での
プチ自給生活

台所横の北側ベランダにも、キュウリを栽培

夏野菜の恵みに、家族も笑顔

一家族では食べきれぬほどの恵み

都会のビルで、その空間すべてが畑……。

一年を通じて100台ほどのプランターを稼働させ、50種類以上の作物をそだてます。夏野菜などは一気に収穫を迎えてしまい、親兄弟、ご近所へと毎日のおすそわけ。貯蔵できる野菜のタマネギ、ニンニク、ジャガイモや、収穫をずらしながら楽しめるダイコンやニンジンなどは、一家族としては、食べきれぬほど収穫することができます。

季節の変わりめや、旬ではない野菜はスーパーで買いますが、毎日、とりたてを食しているので、市販の野菜の色やツヤをみて、首をかしげることも……。

仕事をリタイアしたら、小さな畑を借り、ニワトリを飼って田舎で自給生活するのが夢で、その練習にプランター菜園を、と思っていたのですが、どうやらもう、野菜のプチ自給は、ほぼ達成しそうな勢いです！

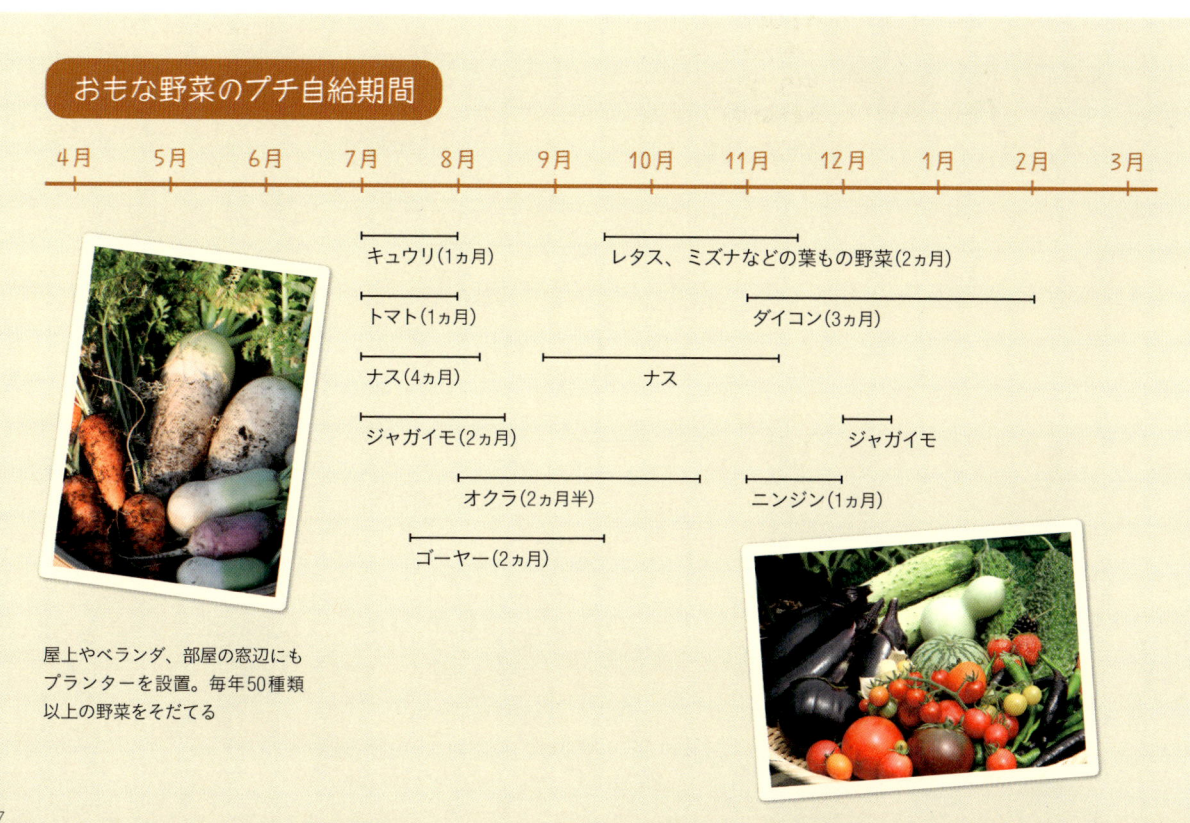

おもな野菜のプチ自給期間

4月　5月　6月　7月　8月　9月　10月　11月　12月　1月　2月　3月

キュウリ（1ヵ月）
レタス、ミズナなどの葉もの野菜（2ヵ月）
トマト（1ヵ月）
ダイコン（3ヵ月）
ナス（4ヵ月）
ナス
ジャガイモ（2ヵ月）
ジャガイモ
オクラ（2ヵ月半）
ニンジン（1ヵ月）
ゴーヤー（2ヵ月）

屋上やベランダ、部屋の窓辺にもプランターを設置。毎年50種類以上の野菜をそだてる

屋上菜園でうごめく、生き物たち

虫たちとのたわむれは、野菜を観察するのとおなじくらい楽しいですよ！

菜園の守り神のカマキリとクモ。
獲物をねらって目を光らせる

息を殺してレンズをむける

野菜の生命があふれるころ、それにあわせるように菜園は虫パラダイスへ！

人間の都合によって、そだてている野菜を食べてしまう虫は「害虫」、それらを駆除してくれるのを「益虫」といいます（いや、勝手な呼び名ですね～）。

また、花粉づけの作業を手伝ってくれるハチや、土づくりをしてくれるミミズも自然に現れてきます。

早朝から、完熟トマトをむさぼるコガネムシ

テントウムシダマシ(ニジュウヤホシテントウ)。ジャガイモやナスの葉を食害する

ナスの葉に陣どるカメムシを発見。樹液を吸いとる害虫なので、即、補殺なのだが、この♥マーク！　わたしの殺意を揺るがすな～

バッタも害虫だが、大発生しない限りは野ばなしに

ニンジンの葉にキアゲハの幼虫

地上にも、地中にも、虫たちが集い、うごめく

ブロッコリーの生育が悪くて引き抜くと、2匹のヨトウムシが……。このあと植えなおしたら、復活

真っ暗な土のなかから現れたミミズ。青白い光を発している

たくさんの実をつけ、その寿命をまっとうしつつあるキュウリ。株の力が弱まると一気に虫が群がる

葉っぱ一面にアブラムシが発生

すると、天敵のテントウムシも産卵！

テントウムシの幼虫たちがアブラムシに迎撃を開始します

アブラムシのお尻から分泌される甘い汁をなめにきたアリ。テントウムシを追い払う、アブラムシの援軍でもある

アブラムシの幼虫に卵を産みつけて寄生する天敵、ヒラタアブも登場。みごとなホバリングでねらいを定める

収穫後、力つきていく キュウリやカボチャの葉をめぐって

そんな虫たちのうごめきを観察し、撮影するのも、わが菜園の楽しみの1つです。一眼レフカメラにマクロレンズを装着し、おどろかさないようになるべく近づき、ピントがズレないように息をとめて……。

プランター野菜畑に四つんばいになって頭を突っ込み、窒息しそうになりながら、カメラを片手に虫たちを追いかける姿は滑稽らしく、家族は指をさして大笑いします。誰もいないわが家の屋上だからできるものの、けっして他人にはみせられぬ姿です……。

ひとつの病害虫が多発することはなくなる

虫たちの活動を観察していると、それぞれの目的がみえてきます。

野菜の葉液を吸いに集まるアブラムシがくると、それを食べるテントウムシが必ず飛来し、葉をむさぼるバッタが現れれば、カマキリがどこからともなく出現する。クモは、いたるところ

地上10mの屋上に食物連鎖の生態系が……

黄色くうごめくものは？カボチャの花粉を身にまとったミツバチだった。おいおいそれで飛んで帰れるの？

シシトウの葉の上には、メタリックカラーの速そうな飛行体、ハエ！

こちらはカボチャの葉。子孫を残したあと、力つきて下の葉からうどん粉病にかかっていく

でも幸せばかりではない。生まれてくる小さな幼虫をねらって、菜園のハンター、カエルやヤモリたちも活気立つ

そのうどん粉病菌を食べるキイロテントウも集まる。あまりのパラダイスぶりに永住の地と決め、即、子づくり！

にワナをしかけたり……、天窓からこぼれる光に集まる蛾を食べにヤモリも棲みつく。

土の上では24時間態勢で落ちた葉を食べて分解してくれるダンゴムシ。さらに分解した土をカラダに取り込んでフカフカの土に変えてくれるミミズも土づくりを手伝ってくれている。

地上から10mの屋上にも、食物連鎖の生態系ができてきますよー。

食べるものと食べられるもののバランスがとれてくると、ある1つの病害虫だけが、わっと発生することはなくなるようです。たまにはトマトに穴をあけたり、根を食べて苗を倒したりと、イタズラもするけれど、わが屋上プランター菜園は、虫たちによって支えられているといっても過言ではないのです。

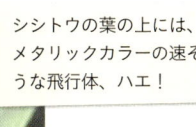

屋上・ベランダ菜園の家畜にウズラはいかが!?

ニワトリよりも鳴き声は小さく、ふつうの鳥カゴでも飼える

10円玉大のヒナ
かわいい〜！

屋上菜園の間引き菜
をついばむウズラ

息子の愛鳥、ハウル

息子が小学校4年生のとき夏休みの自由研究でヒメウズラの卵をふ化させました。

わが家は小学3年生を迎えると、なにか自分で世話をする動物を飼います。お姉ちゃんはカメ、下の娘はネコ、お兄ちゃんは鳥を飼うのです。息子の愛鳥、コザクラインコ、その名をハウルといいます。

コザクラインコは別名、ラブバードといわれ、一度ペアリングが決まると生涯相手を変えない性質があります。何度か専門店に依頼してペアリングを試みるも、ハウルは息子にそだてられ、息子を伴侶だと思っているようで、うまくいきません。

命を宿していない無精卵を一生懸命抱卵するハウルがかわいそうでなりませんでした。

インコと家族でふ化合戦!?

そこで、ハウルが産卵するのと同時にネットオークションでヒメウズラの有精卵を12個700円で入手しました。これをハウルが産んだ4つの無精卵と入れ替えます。

残った有精卵は、衣装ケースに小動物用パネルヒーターを設置して自家製ふ卵器をつくり、温度を38度に設定して温めました。ハウルが温めるのと自家製ふ卵器の二本立てです。

ハウルのほうはおまかせでいいのですが、ふ卵器は3時間に一度、転卵といって、卵をくるくると回転させなければなりません。昼間は、息子が世話をしますが、夜の1時に妻が、早朝4時には野菜の世話で早起きをするわたしが作業をつづけました。お盆休みもでかけず、ショッピングに行っても3時間で帰宅します。

糞やエサを野菜の肥料に

18日目の朝、ハウルが4つ中3羽のふ化に成功！　そして、20日目にふ卵器で1羽のふ化に成功しました。

ウズラのヒナをかえそう！

ウズラの有精卵を、メスのインコに抱かせてふ化させた自家製ふ卵器もつくってみた

(白)

コザクラインコ(メス)が発情。鳥カゴに巣箱を入れて卵を産ませ、インコの卵(4つ)とウズラの有精卵とをすりかえる

インコはウズラの卵をわが子と思って温める。野生のモズがカッコウの卵を温める“托卵”のよう!?

パネル

こちらは、小動物用のパネルヒーターでつくった自家製ふ卵器。乾燥しないよう、水も入れる

衣装ケースのフタをして、保温。3時間おきにフタをあけて、転卵する

18日め、コザクラインコが温めていたほうは4個中3羽ふ化！　自家製ふ卵器も20日めに1羽ふ化！

ウズラはふ化後わずか40日ほどで、産卵開始！　メス2羽でほぼ毎日2個の卵を産む。朝の納豆に新鮮な卵をかけられる

ウズラの糞。チッソ分が高くて栄養たっぷり。食べ残したエサとともに、自家製液肥の材料に(32p参照)

小4のときの
自由研究で
やりました！

インコ・ウズラのそだての親、長男の大輝

血はつながってませんが、ハウルの子の3羽は、ハウルの鳴き声に反応してピヨピヨと鳴いています。そして、ふ卵器で生まれた子は息子の顔の動きに反応してちょこちょこ——。

飼育をつづけると、ウズラのエサの成分は、油粕肥料とほとんど同じことがわかりました。ならば……と、糞や外にこぼしたエサを集めてペットボトル液肥(32p)をつくります。そして、屋上菜園の間引き菜をウズラのエサに！　ウズラの卵は、朝食の納豆かけごはんに！

こうして、都会の片隅で、プランター菜園と、ウズラ、食卓の循環ができあがるのでした。

＊ウズラは2012年春に寿命をまっとう。約4年間、わが家の食卓と菜園を支えてくれました

2

微生物をとことん生かす、土つくり

プランターの土や堆肥、肥料。
ホームセンターで買ってくるのが一般的ですが、
じぶんで手づくりするのもおもしろい。
身近な落ち葉や、ヨーグルトなどにひそむ
善玉菌とよばれる微生物を、とことん生かす。
ダンゴムシやミミズの活動も菜園の味方に！
わがプランター菜園の土つくりは、
３６５日、24時間体制を敷いております。

わたしのプランター栽培理論

ときはバブル全盛期。熱帯魚の飼育で失敗をくり返した経験が、野菜を観る眼をそだててくれた

1匹数万円の熱帯魚が バタバタ死んでいく!?

魚を飼う前に必要なこと

わたしのプランター栽培のルーツは、20数年前にさかのぼります。

当時、新居の居間に南国の海をイメージした癒し空間をつくろうと、熱帯魚の飼育に没頭していましたが、魚たちがバタバタ死んでいくのです。お店のアドバイスを受けて治療薬を買ったけれど、治った試しがない。1匹数万円もしますから、そりゃもう真剣に悩みました。

新緑が萌える5月の森。その力はどこに？

水槽の底面10cmに赤玉土を敷き水性植物を植えたメダカ水槽。ろ過装置もエアレーションもなしだが、土に生息する無数の微生物が残ったエサや糞を分解して、透明な水質を何年も保つ

竹林から腐葉土を少しおすそわけ。夏の伊豆旅行にて……
※土地の持ち主の許可をとってやりましょう

試行錯誤した末、石垣島から生きたサンゴ岩(ライブロック)と砂をとりよせました(いまは禁止されてますが)。すると、ゴカイやシャコ、ウニ、カニの幼生なんかがでてきて、自然の生態系に近づくんですねー。魚も輝くように元気になりました。

金魚すくいで持ち帰った魚を洗面器に入れてエサをあげたら、翌朝には水が濁って金魚が死んじゃいますよね。エサが腐り、糞もアンモニアになって猛毒化し、魚を死に至らしめる。

いっぽう、サンゴ岩は多孔質で無数の穴があいていて、そこにたくさんの微生物が棲んでいる。エサの残りや魚の糞も、彼らが分解してくれて、水質を浄化するのです。

魚を飼う前に、魚が気持ちよく棲める環境をつくることが大切なんだと悟りました。

微生物たちをプランターに連れてくる

プランター栽培も、それと同じ。野菜をプランターでそだて

プランター内の土を、野菜がよろこぶ発酵空間に

元気な野菜をそだてるためには、
野菜がよろこぶ土をつくらねばならない。
都会暮らしでも、材料は身のまわりにいっぱい！

台所

発酵食品の残りカスや、微生物のエサとなる米ヌカ、キノコの石づきも堆肥や肥料の原料に！

納豆、ヨーグルト

ミカンの皮

米ヌカ、キノコの石づき

街路樹 竹やぶ

秋に大量にでる落ち葉や、竹やぶの土の表面についている、白い菌の塊もひろってくる

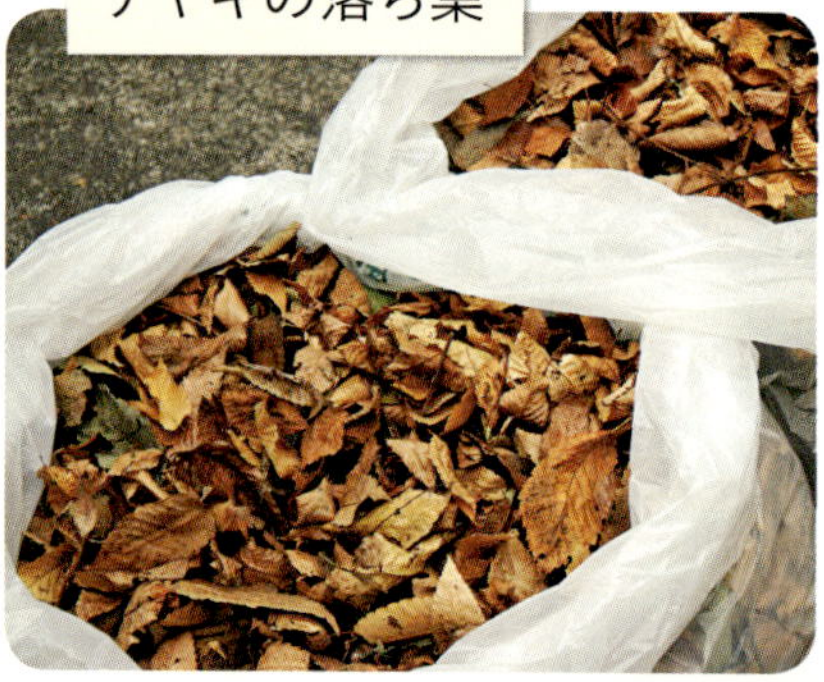

ケヤキの落ち葉

竹やぶの腐葉土

るにあたり、まず最初から野菜をそだてるのではなく、野菜が気持ちよくそだつ環境はなにかを考えます。

太陽光、水、土、空気――。

空気は入れ替えられないし、太陽光は屋上にたっぷりふりそそぐ。水は毎日のお世話でコントロールできる。残るは、土です。

新緑が萌える5月の森。その力はどこにあるのでしょうか？

秋に落ちた葉や枯れ草を森の微生物たちが分解し、木々の栄養に換えているのです。

ならば、その微生物の力をプランターにも連れてきて、身近な有機物◆を分解させて野菜の栄養にしようと考えました。目にみえるミミズやダンゴムシ、目にみえない無数の微生物を熟成させることにより、森の土の生態系に近づけていきます。

都会でも、秋には街路樹の落ち葉が大量にあるし、台所の発酵食品の残り汁や、お正月に食べるカニの殻、ミカンの皮◆、息子が自由研究でかえしたウズラの糞……。

有機物

土壌動物

収穫したあとの作物の残さや、集めた落ち葉を分解し、その糞が肥沃な土をつくりだす。虫たちの力を信じよう

ダンゴムシ

カブトムシの幼虫

ミミズ

家畜

ウズラは体に比して大きな卵(体重の1/6、ニワトリは1/10)を産むので、残ったエサも糞も高カロリー。液肥の材料にうってつけ

ウズラ

現在の愛猫、ニコ。ハンナ亡きあとの番猫(?)なるか。ときどき土を掘り起こすイタズラも……

番猫

いまは亡き、愛犬のハンナ。存命中は猟犬の血をひくそのにおいから(?)ネズミの害は皆無だったが、いまはたびたび収穫物をかじられる

番犬

それらをぜんぶ、野菜づくりの味方にしてしまう。野菜をそだてる前に、野菜が気持ちよくそだつ環境をつくること。これが、わたしのプランター栽培の真髄です。

1匹数万円の魚が 1袋300円のタネに

ちなみに、海水魚飼育の趣味は膨大なお金がかかりました。当時は共働きで、こどももいませんでした。バブリーな世の中でもありました。でも、現在は未曾有の大不況です。

1匹数万円の魚は、1袋300円の野菜のタネにかわり、1袋数千円の人工海水は、1袋398円の培養土に……(笑)。

なにより野菜栽培は、「収穫」という利益還元もあります。いまではタネも自家採種し、肥料や腐葉土もじぶんでつくり、土も再生させています。もうお金のかかることがなくなった屋上プランター菜園。これこそ、地球にも懐にもやさしい、エコなホビーではないでしょうか。

プランター菜園の収支報告書!?

	植えつけ時	生育途中
収入	古土(前作のくりこし) 赤玉土大粒(前作のくりこし) 鉢底用。水はけをよくする 腐葉土(36p)、米ヌカ、カキガラ石灰 有機物や、ミネラルなど微量要素、微生物の補給、および酸度調整を行なう	パワー液肥(32p) 微生物や肥料分の補給 ボカシ肥(34p) 有機物や微生物、肥料分の補給
支出		雨や水やりによる肥料分の流亡 病気になった株(ごくわずか)

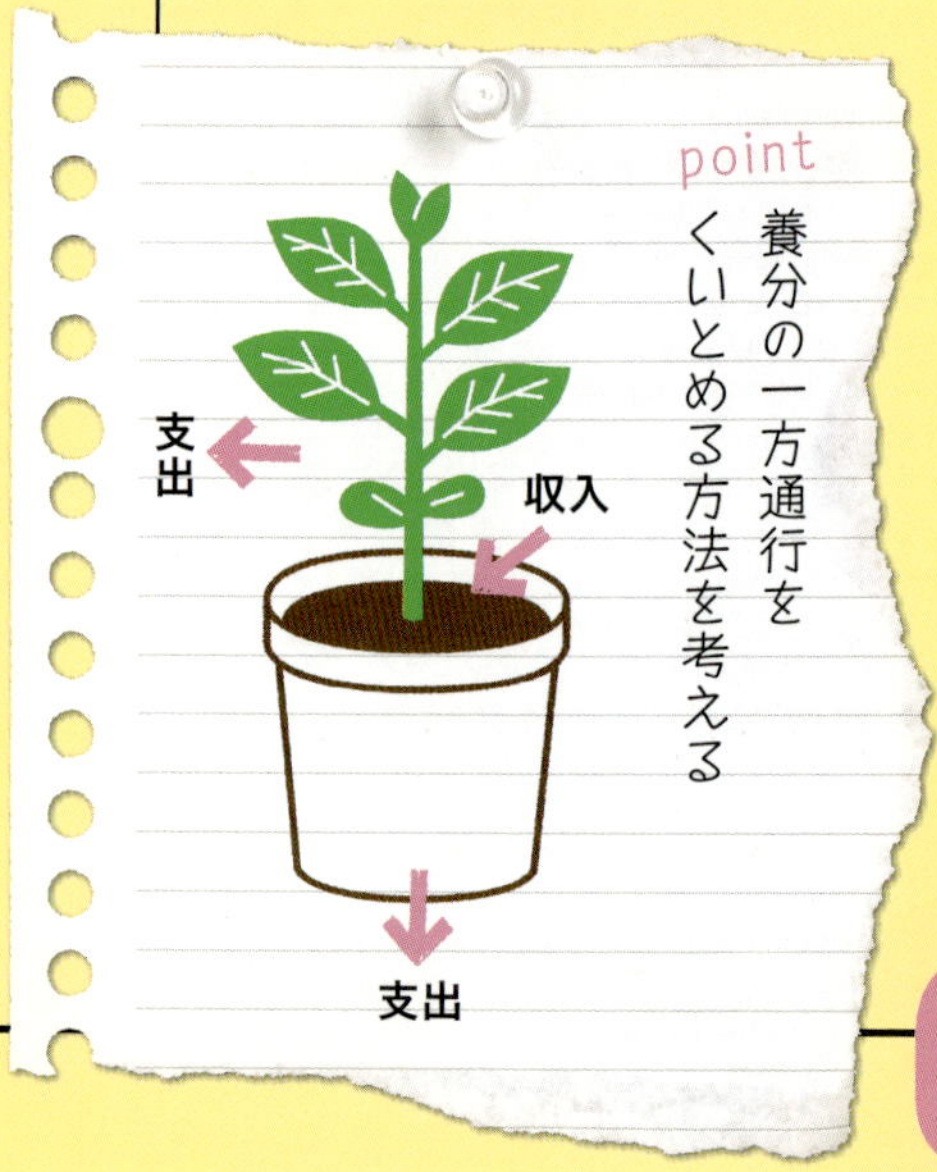

point
養分の一方通行をくいとめる方法を考える

菜園の「土の収支計算」をしてみると……

菜園にかかったお金の出費ではなく、菜園の土にとっての収入と支出。あなたも一度、考えてみませんか？

お金の出費を減らすためにも……

都会のプランター野菜栽培では、基本的に土は買わなければなりませんが、わたしのような大規模プランター菜園家は、そのつど培養土を買っていては出費がたいへんです。

そこで、いちど栽培につかった古土に、さまざまな有機物を

収穫期

次作以降へのくりこし

古土
〈菜園の財産〉
収穫残さ
ミミズ、ダンゴムシ、カナブンの幼虫など
←
〈将来への積み立て〉
完熟堆肥ボックスへ（35p）
←
半年〜1年後に還元される

収穫物
←
家族、ご近所さんの胃袋へ

野菜の嫁入り!?

収穫物をのぞいて支出はわずか
↓基本は元肥ゼロでOK
肥料は生育をみながら少しずつ

Date

point 古土も、作物の残さもすべて活用する！

米ヌカで発酵させてすきこみ、微生物に分解させることにより、植物の棲みやすい団粒構造◆の土に復活させております。栽培後の古土を捨てるなんざ、もってのほか。収穫残さといわれる、実をもいだあとの枯れた茎葉も捨てません。つまり、ほとんどゴミとして外に持ちだすものはないのです。

菜園に投入した土および、堆肥◆や肥料などの有機物を「収入」、持ちだしたものを「支出」とするなら、「支出」は家族のお腹に入る収穫物と雨で流れた肥料分くらいで、有機物の持ちだしはほとんどありません。なので、古土に植物由来の堆肥（落ち葉や収穫残さ）を1〜2割混ぜたら、余分な肥料は入れず、次作のための元肥◆はゼロ（土にある程度は残っていると計算）でスタートします。あとは野菜の生育状況を観察しながら、追肥◆でそだてているのです。

生育を応援

パワー液肥をつくる

毎日、生育をみながら、
「肥料ほしいよー!」という
野菜のサインをキャッチしたら、
控えめに肥料をやるのがコツ。
生育途中のメイン肥料は
〝パワー液肥〟こと、自家製発酵液肥。
簡単につくれますよ!

夏なら1カ月おいて
茶色くなったら完成

つくりかた

ペットボトルの底から3〜5cmほどの量の鶏糞や油粕を入れる。納豆、ヨーグルトを用意し、食後の容器についたネバネバや食べカスを利用して、すすぎ水をつくる(左の写真は、わかりやすいように豆入りで撮影)

すすぎ水を7分めまで注ぎ、納豆菌とヨーグルトの乳酸菌で発酵させる。夏なら、2日でぷくぷくしはじめる。キャップをゆるめておかないと、ガスが一気に吹きだすので注意!

自家製“パワー液肥”。いい感じに発酵して、上澄みが琥珀色に。休耕中の土に散水すれば微生物が活性化し、土の再生を促進する効果も

ちょっと
においます……

つかいかた

水やりのときに、約500〜1000倍になるように薄める(おおよそ、ジョウロいっぱいの水にキャップ1〜2杯分の上澄み液)。1度にあたえようとせず、生育をみながら週に1〜3回施すのがコツ

野菜のサインを見逃すな！

葉の色や形、めしべの長さなど毎日、過保護なくらいに観てあげよう

めしべが短い

ナスの花は肥料が足りなくなるとめしべが短くなる(左)、追肥すると長くなって(右)、おしべから落ちる花粉を受けとめて結実しやすくなる

スイートコーンの下葉も黄色くなっている。葉っぱ5〜6枚めで、株元に穂のもとがつくられる時期なので、肥料をほしがっている

下葉が黄色くなっている！

最初の花がついたころのトマト。元肥を入れていないので、もう肥料不足になっている

過保護的視点で観察

野菜はもう、ペットと同じ。「お腹がすいてないかな？」「ノドがかわいてないかな？」「ヘンな病気にかかってないかな？」「ヘンな虫がついてないか？」といった、過保護的視点で観察しています。

最後に食べてしまうので、おいしくなくては、元も子もありません。肥料をあたえすぎると、エグミが強くなったり、虫がつきやすくなるので、液肥はなるべく薄く、何回かに分けてあたえていきます。花の咲く時期、実が大きくなる時期など、栄養成長から生殖成長に切りかわるころに追肥し、応援してあげるのが基本です。

慣れてくると葉の色や形、花の数、めしべの長さなどで肥料切れのサインを判断できるようになります。肥料の効きぐあいや、あたえる配分なども、じょじょに身につきますよ！

甘ーい野菜ができる

ボカシ肥をつくる

長期間そだてる野菜や肥料食いの野菜にあたえよう。天然肥料ならではのエグミがなくて、さわやかな甘ーい野菜ができる！

忘年会やバーベキューの席でも菜園家

パワー液肥はあたえると効きめが現れるのが早いのですが、毎日の水やりで流れ、長期間持続することはありません。そこで、ナスやゴーヤーなどの肥料食いの野菜にあたえたり、野菜のうまみを増すための微量要素

材料

米ヌカ（約6割）
そのほかの有機物＊（約4割）
＊油粕、カニガラ、ミカンの皮、魚粉、草木灰、納豆、ヨーグルト、魔法の液肥のオリ、竹やぶの腐葉土など

カニガラ

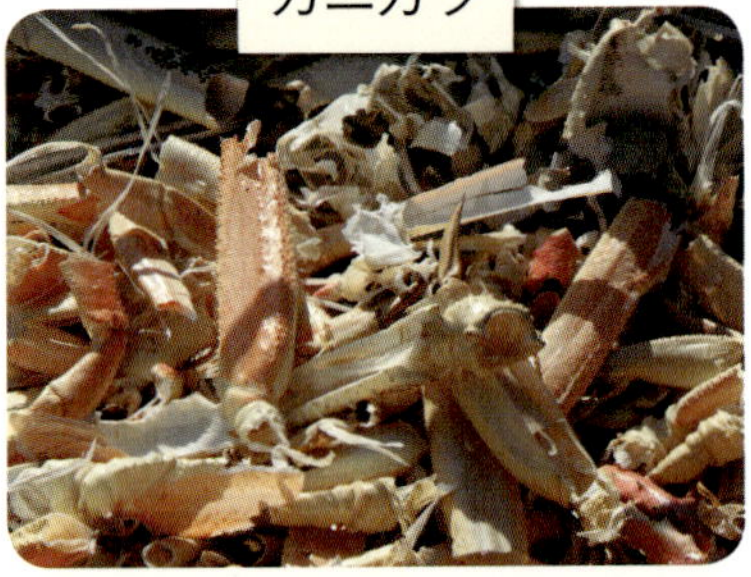

1ヵ月干してバリバリに踏み砕く

ミカンの皮

やはり、干して踏み砕く

辺り一面、カンキツ系のいい香り！

灰

バーベキューで残った灰も1日放置してから集める

つくりかた

水分60%、軽く握って塊ができるくらいがめやす

材料を混ぜて、水をかけ、軽く握ると塊ができ、指でつくと崩れるくらい湿らせる。仕込みが終わったあとは、手がツルツル。美肌効果あり!? 袋につめて放置し、夏なら1週間、冬なら1ヵ月、甘い香りが漂ったら完成

においがするので、マンション暮らしでは、ビニール袋に密閉して発酵させるとよい

の補給として、ボカシ肥をつかいます。

材料は、米ヌカを主体に、油粕や草木灰、魚粉など、そのときにあるものをつかいます。毎年、親戚一同の忘年会で食べたカニの殻を捨てずに乾燥させたり、バーベキューで残った灰を集めて、ボカシ肥の材料や草木灰として利用しています。

完熟堆肥ボックス

わたしの菜園の物質循環の要ともいえるのが、これ。収穫残さが宝になりますよ。

米ヌカをまぶして、水分60%ほどにすると、2〜3日で発酵して湯気がたってくる

大きな容器で半年ほど熟成させる

コガネムシの幼虫も益虫になる

フタつきのポリバケツなど、大きな容器に、野菜を収穫したあとの残さを入れます。このとき、腐葉土を2割くらい混ぜて米ヌカをパラパラとまぶします。プランターの土に生息していたミミズやダンゴムシなどの小動物も投入。コガネムシの幼虫は、作物の根を食べる害虫ですが、このなかに入れれば、残さをせっせと食べて土に変える益虫となります。

夏場は高温で微生物や土壌動物が死なないよう、日陰に設置。すぐに発酵をはじめ、微生物や小動物たちも活発に働きます。半年ほどで完熟したら、堆肥として古土に混ぜてつかいます。

つかいかた

トマトやナスなどの栽培途中に塊でおく（写真はナスの更新剪定のときのもの）

直射日光で微生物が死なないよう、切った葉や雑草などで表面をおおうといい

落ち葉のミルフィーユ！

腐葉土をつくる

森の木々の栄養を支える土台は、自ら落とした葉っぱが分解されてできる腐葉土◆。都会のプランター栽培でも、街路樹や公園の落ち葉が、土づくりのベースになる！

つくりかた

1 街路樹のケヤキの落ち葉を集める。これが1年後にはミルフィーユのような腐葉土になる（左ページⓐ）

2 米ヌカを表面にパッとまいて落ち葉とサンドイッチ状態にしながら、囲いにためこむ

3 水分をしっかりあたえて踏み込んで、そのままおいておくと、1年後には3割くらいに減る

4 上質の落ち葉堆肥のできあがり！　新しい落ち葉がでる時期に、切り返しをかねて外にだす

5 白い微生物の姿が確認できる。落ち葉が無数の土着菌によって分解されている証拠

6 もう一度米ヌカをふって土のう袋に入れる。雨に濡れない場所で春まで熟成

じぶんでつくればタダ

プランター栽培で困るのが、使用後の土の処理法。私も菜園をはじめたころは、安い培養土◆に赤玉土◆を混ぜた用土をつかっていましたが、作が終わると土がカサカサになっていました。それがいまでは、肥料をよく吸うトウモロコシを栽培したあとでも、ふかふかの団粒構造◆を維持したままです。

その土づくりのベースが腐葉土です。古土に、腐葉土を1〜2割混ぜて、米ヌカを軽くふるだけ。数週間すれば、土は復活します。腐葉土には無数の微生物が棲んでいて、米ヌカをエサに活気づき、土づくりをはじめるからです。

腐葉土も、はじめは購入していましたが、いまはすべて手づくり。私は、会社の前の街路樹（ケヤキ）の葉を集めていますが、毎年ご近所の会社の人たちもよろこんで協力してくれ、わが社の前には自動的に落ち葉が集まるネットワークができています。

検証1

ダンゴムシのちから

ダンゴムシが働いて、土をぶつぶつの団粒構造（矢印）にしてくれる。そのスピードを観察してみる

9月12日に落ちた1枚のオレンジの葉をプランターの上においておく

9月15日。3日で約半分を分解してしまった。オレンジの葉をつかえば葉脈が残ってくれる

そして、9月20日。9割以上食べつくされている（ⓑ）。野菜の残さはプランターの上においておこう

検証2

カブトムシのちから

発生が終わったシイタケのほだ木。カブトムシの幼虫は半年でこれをどのくらい分解してくれるのか？

12月9日、ほだ木を腐葉土といっしょにコンテナのなかに投入。カブトムシの幼虫35匹も入れておいた

2月7日に一度あけてみた。ほだ木はどんどん分解されて（ⓒ）、フカフカの土に！

そして6月5日！　もうほとんど分解されてしまった。ちなみに、幼虫は田舎からのもらいものです

ミルフィーユのようになった腐葉土

オレンジの葉をダンゴムシが分解

シイタケのホダ木を分解中

土は捨てずにリセット！どんどん肥沃になる

栽培したあとの古土は、公園などに捨ててしまう人も多いのだとか……。収穫残さも、根っこも、古土も、捨てずにしっかり活用しよう

トマト収穫後の土をふるう

底と横、5面でふるえるので仕事が早い！

約1cm角のカゴ。赤玉土大粒と大きい根っこがすいすいとりのぞける

秋野菜にむけての重労働

夏野菜と秋冬野菜のために、年2回、プランターの土をリセットします。これがプランター菜園の仕事のなかで一番の重労働。とくに夏野菜から秋冬野菜に切り替えるときは、残暑厳しい炎天下での作業となります。

「オレ、なんのためにこんなことやってるんだろー??」と汗をかきかき、野菜への情熱も断ち切られるほどの思いで、約50鉢をひっくり返します。

収穫を終えたプランターの土は、水はけをよくするために底に敷いてある赤玉土◆の大粒と古い根を分離しなければなりません。当初は園芸用のふるいをつかっていましたが、網目が細かく時間がかかります。

100円ショップのカゴが大活躍

そんなおり、100円ショップを物色していると、ちょうど大粒の土が引っかかる粗い網目のカゴを発見！　使ってみる

ふるいにかけたら、どうする？

太陽にあてて消毒するとか、面倒なことは一切なし。栽培の途中でも、微生物とそのエサ（有機物）を補給しているので、それらをすべて生かしきる

赤玉土大粒

次の作の鉢底土として利用

土壌動物

根っこに悪さをしでかすコガネムシの幼虫も逮捕！　完熟堆肥用のタンクに連行する

収穫残さ

完熟堆肥用のタンクに入れたり、ナスのプランターの上などにかぶせておく（土の乾燥防止となる）

腐葉土1〜2割と、カキガラ石灰を補給。ダイコンの植えつけ前だったので、モミガラくん炭（根を発達させるのに有効）、ボカシ肥（栄養補給）もパラパラ混ぜた

カゴの下にふるい落とされるもの

古土

腐葉土を1〜2割混ぜて、次の栽培用につかう

とことん、微生物を生かす！

と、みごとに赤玉土大粒と古根を分けられ、しかも、底面だけでなく、側面も含めて5面でふるうから仕事が早いのです！

分離した赤玉土は、水はけをよくするためにふたたびプランターの底に。古土には腐葉土を1〜2割混ぜ、カキガラ石灰をまいて酸度調整をする。これを、プランターにもどせば、リセット完了です！

ふるいにかけた土は、すみずみまで酸素が行き渡ることで、好気性の微生物が活性化し、混ぜた堆肥を野菜の栄養へと分解してくれます。

考察！

トマトの市販培養土栽培 VS ゲリラ植え栽培

土がちがえば、こんなにちがう!?
たまたまの偶然が、トマトの素性を解き明かす

苗を処分できない……

アロイトマトというわたしの大好きな大玉品種を、はじめて栽培した年のこと。偶然にも、おもしろい現象がおきました。

わたしがまいたアロイトマトは、関野アロイといって、埼玉で無肥料野菜をそだてている関野幸生さんがそだてたタネです。当然のごとく、予備分もふくめて多めにタネまきをしたのですが、あまってしまった苗を、かわいさゆえにどうしても処分できないでいました。

思案した結果、新たにポットをおいて、もうひと苗植えることにしたのですが、すべての作付けが終わったあとなので、熟成させた堆肥がありませんでした。そこで、野菜培養土を買ってきて植えたのです。

ベランダ栽培のトマト

6月25日

奥の1株だけ、尻腐れ果が発生。ハモグリバエもたくさんついた

8月18日

手前の3株になった実。古土を再生させた土を利用

暴れて虫がついたトマト

すると、新しい野菜培養土の関野アロイは、枝も葉も太いしわき芽も多発して、トマトが「暴れる」感じの生育となりました。そして、実がつくとツヤがなく尻から黒く腐りはじめてきたのです。

まったく同じ環境でそだてているのに、古土に腐葉土とカキガラをくわえた土をつかった3つの関野アロイは元気そのもの。なのに、虫もまったくつかない。なのに、もういっぽうには虫がつく。隣に並べてあるのに、1つのポットにだけ虫が集まるのです。

　けっして市販の野菜培養土が悪いといっているのでありません。無肥料栽培の関野アロイにはあわなかったのです。

フェンス沿いにゲリラ植え

　さらに、あまったトマトの苗にも興味深いことがおこりました。もう自宅に定植する場所がなく、わたしの仕事場の前にある大きな国道のフェンス沿いに、捨てることのできない苗たちをゲリラ植えしておいたのです。

「仕事のあいまにトマトを眺めることもできるしー」と。

　もちろん　雨よけはないし、南側には大きなフェンスが建ち、日照は西日が少しあたる程度。雑草がはびこるなか、当然、肥料もなし。ある意味、自然農です。

　でも、どうでしょ！　このツヤツヤのアロイトマト。

　葉も茎も細いし、わき芽なんかほとんどでていない。でも、虫もまったくついてないのです。これが、無肥料栽培、関野アロイの真骨頂なのか！

　たまたまの偶然がアロイトマトの素性を解き明かします。

　なぜ病気になるのか？　なぜ虫がつくのか？　なにが必要なのか？　なにが余計なのか？　はじめてのアロイトマト栽培にして、身をもって確かめられたできごとでした。

ゲリラ植えの放任トマト

6月25日

雑草も刈らずにそのまま。自然農のような状態

ある意味、自然農!?

ヒョロヒョロだけど、根元から先端まで茎の太さが同じ。理想的な姿

甘くておいしい。もちろん、タネもとりました

7月22日

雑草が生い茂るなか、病気もなく、すこやかにそだつ

3 容器と道具のえらびかた、つかいかた

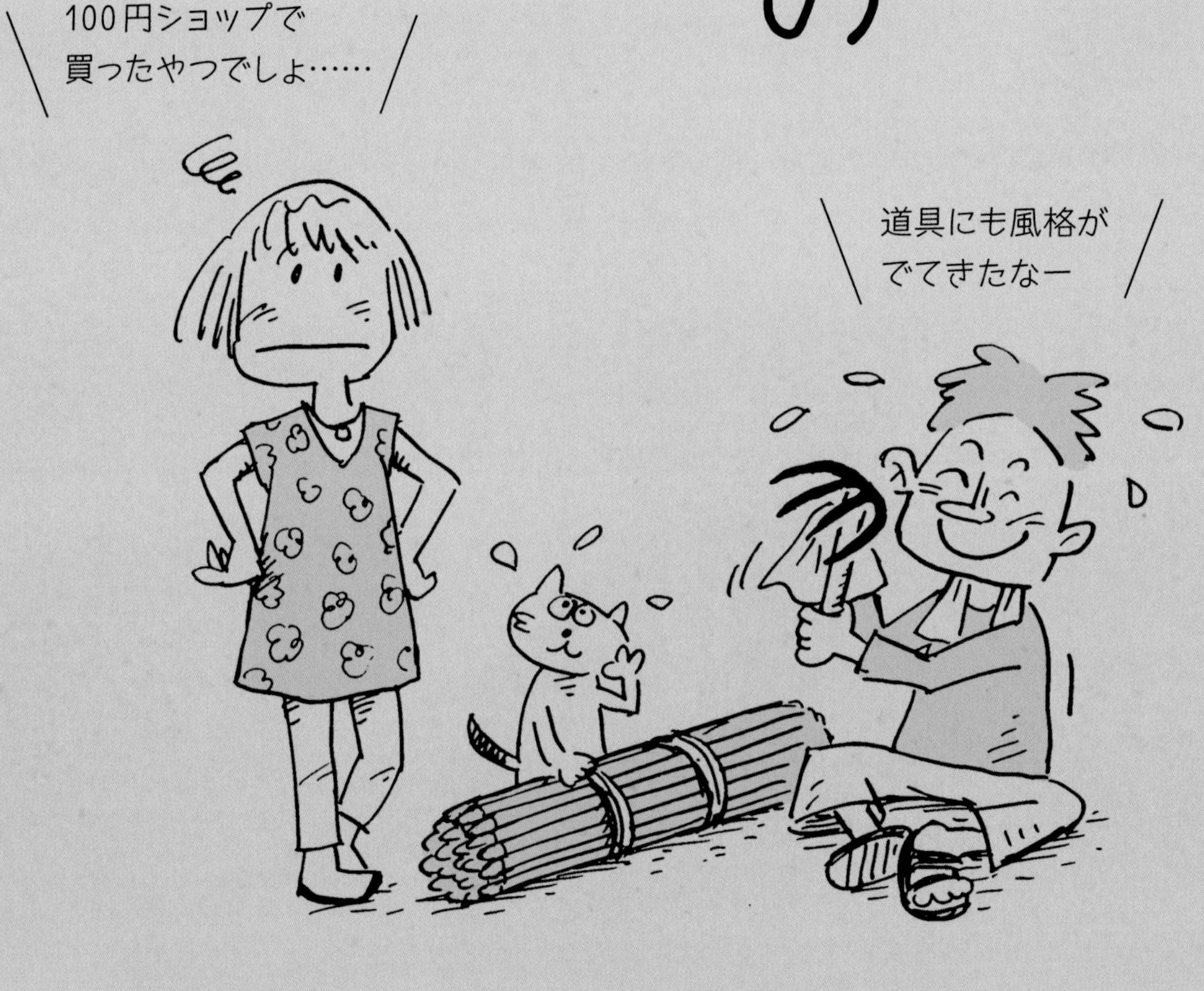
100円ショップで買ったやつでしょ……
道具にも風格がでてきたなー

野菜をそだてはじめると、
身近な場所の、ほんのわずかな気象のちがいを、
肌で感じられるようになる。
厳寒の2月でも、陽の射す場所や高さが、
12月のそれとは明らかにちがい、春を感じます。
どこに、なにを、どうおくか？
日々の生活で、着眼点を磨きつづけます。

野菜の性格にあわせて、容器をえらぶ

食欲旺盛(水や肥料をよく吸う)か、根っこのはりかたはどうかなど、野菜の性格を考えていくと、つかう容器も、おのずときまってくるのです

栽培終了後のトマトの根。プランターの深くまで根がびっしりはえている

根のはりかたなどでえらぶ

野菜の成長する姿や根のはりかた、仕立てかた、収穫のしかたにより、栽培する容器の形を考えます。また、その野菜の成長に最低限必要な土の量によって容器の容量をきめています。

土の量が多ければ多いほど野菜の生育は旺盛になるけれど、そのぶん、場所をとります。限られたスペースと土の量で、どれだけの大型野菜がつくれるかをチャレンジするのも、プランター栽培の醍醐味ですよね。園芸店には、さまざまな栽培容器が売っているので、その野菜の性質にあわせてえらびましょう。

トマトやナスは縦に深く根をはる

たとえば、大玉トマトは1本仕立てで重たいトマトをいっぱいぶら下げるため、しっかりした支柱を立てます。根も深くはるので、12号の深型支柱ホルダーつきでそだてています。トマトが終わった8月の終わりに土をリセットし、青首ダイコンへ。長さのあるダイコンでも12号の深型の鉢なら大丈夫です。

また、ナスは水でそだてろ！といわれるほど吸水力がすごく、以前65㎝の標準プランターでそだててみたのですが、真夏の炎天下では、朝の水やりから夕方まで水分がもちません。一度でも水切れを起こすと、ツヤのない実になってしまい、その実のツヤは回復しません。また、3本仕立てとし、クロスさせた支柱で支えるので横型プランターでいちばん大きい90㎝の大型プランターでそだてています。

オクラのような自立する野菜も深型のポットでそだてると、根をしっかりはり、強風でも倒れることはありません。

深い容器が必要な野菜

深根型の作物

トマト、ナス、ダイコン、ニンジン、キャベツ、ゴボウ、オクラ、トウモロコシなど

トマト ➔ ダイコン

5月植えつけ　8月末タネまき

○12号鉢　○1株→1株

トマトは、1本仕立てで真っすぐ上に伸びるから、支柱を固定させるフックがあると便利。大玉は4段ならせて摘心し、7月いっぱいで収穫終了。トマトのあとは、土をリセットしてダイコン栽培に使う

カボチャ 5〜6月植えつけ

○ポリバケツ　○1株

カボチャは浅根型だが、葉っぱも実も大きく、相当なパワーが必要。大きな60ℓのポリバケツを使用し、ヤグラを組んでツルを誘引。それでも、収穫できる実は1〜2個

ナス 5月植えつけ

○大型プランター　○2株

ナスは5月に植えて、11月まで長期どり。支柱もクロスさせられるよう、大型のものをつかう。水も肥料もよく吸うので、朝夕たっぷりと水やり

ヤマイモ 3月植えつけ
ゴボウ 5月タネまき

○ダストボックス　○6株

根が長く伸びるので、ダストボックスで栽培。底と横にドリルで水抜き栓をあける。ヤマイモ(6株)は、ツルが伸びるので緑のカーテンにもなる

浅い容器でそだつ野菜

浅根型の作物

キュウリ、ゴーヤー、メロン、ピーマン、ダイズ、ソラマメ、サツマイモ、ジャガイモ、タマネギなど

キュウリ、ゴーヤー、スイカ、メロン 5月植えつけ
➔ねずみダイコン 9月末タネまき

○ワイドプランター　○2株→8株

ウリ科は浅根がはるので、幅の広い容器がよい。キュウリは代表的な夏野菜だが、強い日差しと風に弱いので、半日陰で強風のとおらない北側のベランダに配置。終了後はねずみダイコンを8株栽培

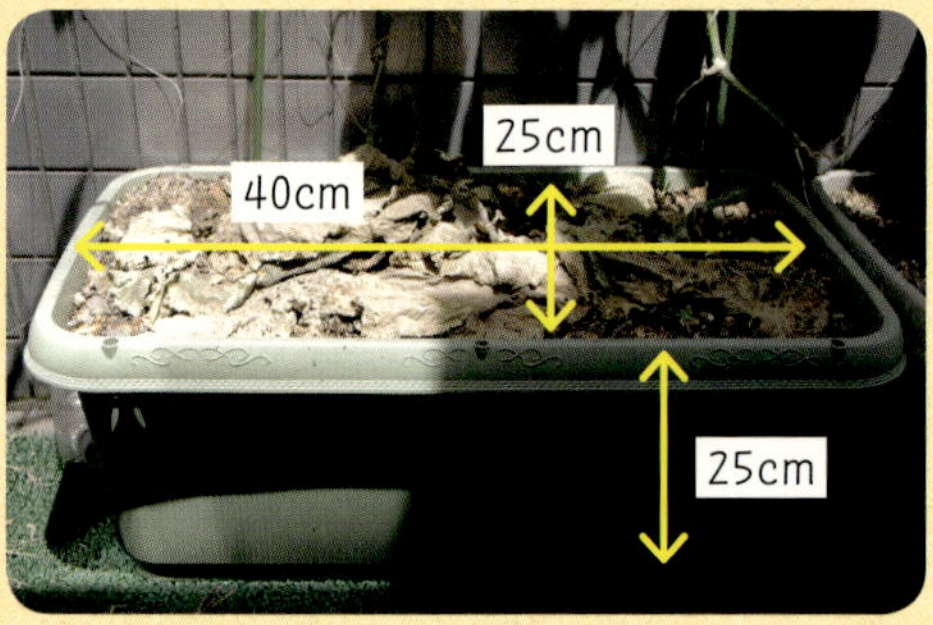

キュウリの収穫期の根。土の表面に根をはりめぐらせている

ウリ科は浅く広く根をはる

地上部の姿は、地下の根の姿を現しているといいます。縦に伸びるトマトやナスに対して、ツルをはわせて横に伸びるウリ科の野菜たちは、根も浅いところで横に広く、毛細血管のようにはりめぐらせるので、深さよりも、なるべく表面積の広いワイドプランターを用います。キュウリもゴーヤーも生育が旺盛になると、表土に白く細かい根が浮いてくるので、根を乾燥させないよう、おふとんをかけるように、みずからの落ち葉でマルチしたり、生育途中で土増しをしてあげると収穫が長続きします。

収穫後は、ねずみダイコンと称される短いダイコンを植えられます。プランターの面積が広いので、8本の育成が可能です。

12号鉢で20ℓ、標準プランターなら、14ℓの土1袋分

鉢に表示される号数は、直径を表しています。昔の寸法の名残で、1号とは1寸(約3cm)のこと。12号鉢だと、直径36cmの鉢となります。

めやすとしては、排水用として鉢底に5cmほど赤玉土大粒をしいたばあい、12号鉢で20ℓの土を約1袋分つかいます。また、長さ65cmの標準的なプランターでつかう土の量は14ℓほどです。

サツマイモ 6月植えつけ

○土のう袋　○1株

プランターに植えると、太った根っこの形がわるくなる。土のう袋なら、収穫前になるとこんもりとふくらみ、のびのびと太る。通気性もよく、乾燥に強いサツマイモにぴったり。1袋で2作もつ

ジャガイモ➔ダイズ（エダマメ）

2月植えつけ　7月初旬タネまき

○10号鉢　○1株→1株

土のう袋でもいいが、小さな鉢でもＯＫ。最初は底から10cmくらいに浅く土を入れ、種イモを植えて土をかぶせる。株の成長にあわせ、2回増し土して収穫する。終了後、同じ容器でダイズと秋ジャガを栽培

トウモロコシ 4月タネまき
➔葉もの野菜 8～10月タネまき

○標準プランター　○2株→

トウモロコシは深根型だが、こまめに水と肥料を与えれば、このサイズの容器で2株もできる（実1株に1本ならせる）。収穫後は、チンゲンサイ（10株以上）、タマネギ（子球のセット栽培、10株）などを栽培

二十日ダイコン
リーフレタス

○育苗トレー

短期間で育てられるので、底の浅い育苗トレーをつかって少ない土でＯＫ。標準プランターよりも面積が広く、たくさん収穫できるので効率がよい

プランターの設置場所

陽あたり、風とおしなど、容器の置き場所で作物の生育も変わる。ベランダや屋上の環境をよく観察し、作物に最適な場所をみつけよう

わが家の屋上とベランダ

北側の階段下

湿り気の多い日陰を好む、ミョウガやシイタケ

北側のベランダ

キュウリは直射と風によるストレスに弱いので、北側の半日陰に

おのずと生育場所はきまる

多くの野菜は、太陽の光をたくさん浴びたほうが、元気にそだちます。屋上の採光は申し分ありませんが、風が強いのが難点です。ナスやトマト、南国生まれのゴーヤーやサツマイモ、オクラなどは一日中陽あたりのよい屋上でグングンそだちます。いっぽう、湿り気の多い日陰を好むミョウガなどは建物の北側の壁沿いでそだてます。

夏野菜の代名詞的なキュウリは、じつは直射と風で揺らされるストレスに弱く、半日陰で強い風が遮断される建物の壁沿いが居心地よいようです。また、シシトウも太陽が好きですが、黒く日焼けを起こしてしまうので、半日陰でそだてたほうがやわらかい果実になります。ツルを巻きつける野菜は屋上やベランダの手すり沿いに配置し、ネットを張って誘引する。

そんなふうに、ビルのベランダや屋上菜園でも、おのずと野菜の生育場所はきまってきます。

フェンス沿い

ゴーヤーなどのウリ科植物のツルをはわせる

南側のタイルの壁沿い

2月中旬に植えつけるジャガイモ。低い位置からの光線を受けたタイルの熱も味方につける

南側のベランダ

リビングとつながり、日常的に目の届く明るい場所。育苗用のミニハウスや、すぐにとって食べられるイチゴや葉もの野菜

そのほか、注意すること

（暑さ対策）

上げ底型のプランターなら大丈夫だが、真夏は照りかえしで高温になるので、下にスノコなどをしくほうがよい

（一時避難）

わたしのばあい、プランターの数が多すぎて、台風がきても移動させるわけにはいかないが、スペースがあれば、臨機応変に風よけとなる場所などに避難させる

100円ショップでそろえる 菜園の道具たち

大きな鍬やシャベルは不要。
カゴやチリトリ、人工芝など、
意外なものが立派な道具に

園芸用品以外のものも、つかえる

屋上プランター栽培では、露地栽培でつかうような鍬や鋤など、本格的なお百姓さんの道具はつかいません。菜園でつかう道具は、ホームセンターに行く前に、100円ショップで物色。値段が安いし、園芸用品だけでなく、ほかの目的の道具も園芸用に流用できることもあります。

基本の道具たち

チリトリ

ふるいにかけた土をプランターに入れるときに。地面がコンクリートなので、直線的なフォルムが作業性を高める

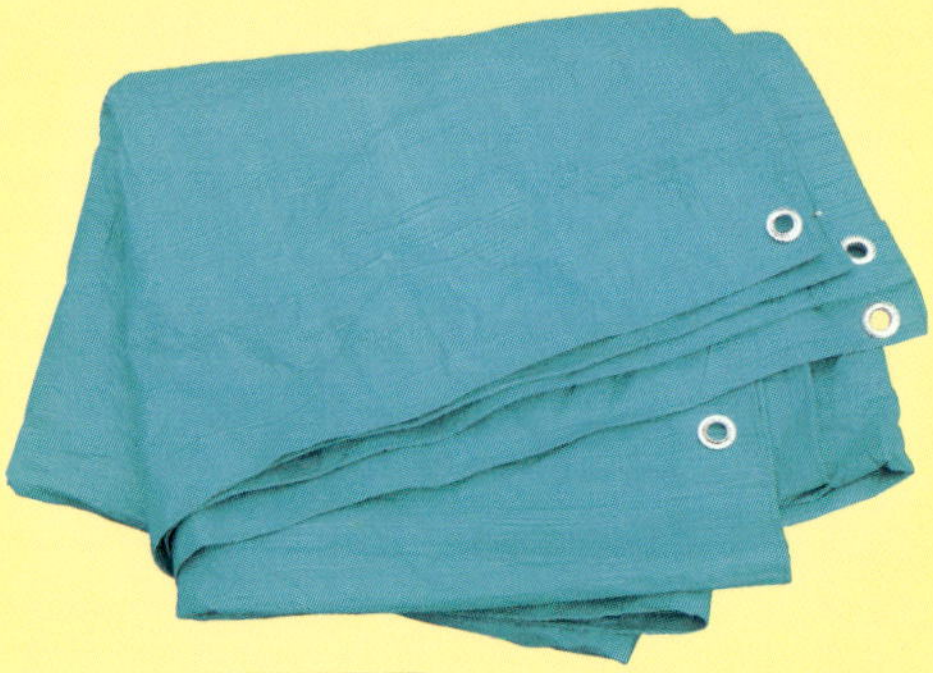

シート

プランターの古土をだして、腐葉土や米ヌカを混ぜたりするときに

粗目のカゴ

根を食害する幼虫を逮捕したり、鉢底の赤玉土大粒をふるいわけ、土に空気を送り込む

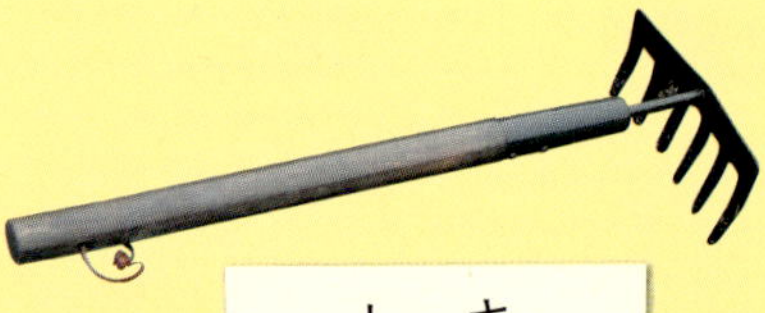

レーキ

春と秋の土のリセット時につかう。土を均一にまぜる

小型スコップ（十能《じゅうのう》）移植ゴテ

袋から土や肥料をとりだすときや、植えつけのときなどに

ほうき

作業をおえたら、床はきれいに掃き清めよう

ぼちぼちそろえたい道具たち

麻ヒモ

枝を誘引して支柱に固定するときに

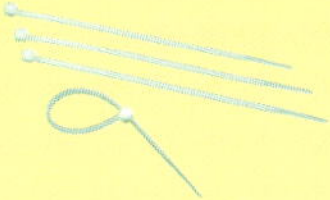

結束バンド

支柱を手すりに固定するときに

園芸用支柱

トマトやナスなど、夏野菜をそだてるときに

不織布

マメ科植物の鳥よけや、葉もの野菜の寒さよけに

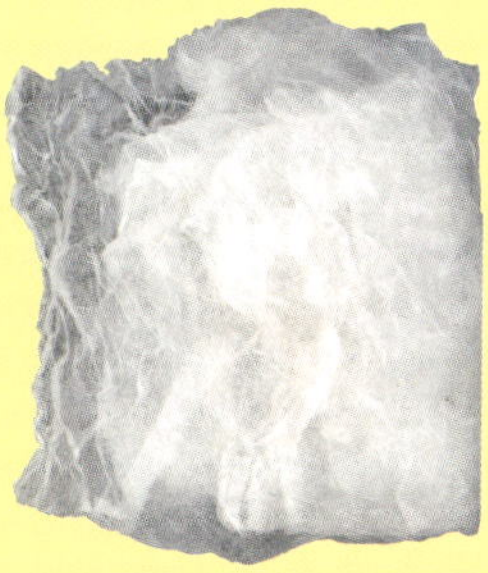

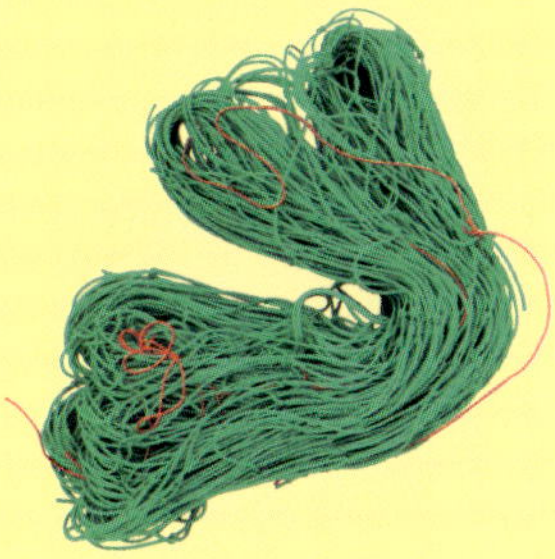

園芸用ネット

キュウリなど、ツル性の植物を栽培するときに

防鳥用のキラキラテープ

ヒヨドリやムクドリが完熟前のおいしい野菜をねらっている

黄色いバケツ

水をはっておくと、色につられて羽つきのアブラムシが入る。そのままだと、益虫も入るので、おもにシーズンはじめの5月と9月に苗のそばにおく

人工芝

床に並べてスイカのツルをはわせる。ヒゲでつかまり、風に強くなる。プランターの下におけば、夏の照りかえし防止にも

わが菜園では、土を耕す鍬の代わりに、粗目のカゴで空気を送り込み、シャベルの代わりにチリトリで土を運びます！

また、野菜のタネも100円ショップで買えます。種苗メーカーは前年に採種したフレッシュなタネしか売らないので、1年以上経過した売れ残りのタネが100円ショップに流れてきます。タネの寿命は3〜5年は大丈夫なものが多く、発芽率がちょっと落ちますが、問題はありません。

ベランダ屋上プランター菜園の道具は、ほとんど100円ショップでそろいます。

考察！

ナスの無肥料栽培 VSパワー栽培

**同じタネで、まったく同じに
そだてた苗なのに、このちがいはなんだろう？**

収穫の目的もなく、無肥料でそだててみた

春にタネまきをして、じぶんで発芽をさせてそだてた真黒《しんくろ》ナス。作付計画より多めにタネをまき、予備用の苗をつくるわけなのですが、やはり、捨ててしまうのはしのびなく、会社の玄関前で30㎝×40㎝のトロ箱に、2本密植で、収穫の目的などなく植えておいたときのことです。

埼玉富士見市のプロ農家、関野幸生さんが、野口種苗さんに無肥料の真黒《しんくろ》ナスのタネを卸しているので、頭の片隅で無肥料栽培が気になっていて、意識的に元肥◆も追肥◆も入れずにそだててみました。

そよそよと気持ちよさそう

土も春の植えつけ終了後でしたので、すでに培養土◆はつかいきってしまったあと。わたしの会社の前の歩道にある、ケヤキの街路樹の土を拝借することにしました。

ケヤキは落葉樹ということもあり、冬にはたくさんの落ち葉を、その下のサツキの植え込みに落とします。よく観察をすると、たくさんのダンゴムシが落ち葉を分解し、コロコロした団粒構造◆の土をつくっているのがわかります。

そんな土に、無肥料で植えただけですが、どうでしょう、この真黒《しんくろ》ナス。枝も細いし葉も小さいのですが、そよそよと、ひょうひょうと、なんだかとても

トロ箱の無肥料栽培

枝も葉も小さいが、そよそよと、ひょうひょうとそだっている。赤いヒモで印をつけ、タネをとった

葉1枚1枚、太陽の光をしっかり受けとめようとしている感じ

ケヤキ並木の土を拝借

ダンゴムシがいてコロコロの土

気持ちよさそうにそだっているではないですか。

　下葉も枯れることなく、葉1枚、1枚でしっかり太陽の光を受けとめようとしている感じ。そして、実も小さめですがツヤやかなナスをつけます。

枝は太く収穫量も多いパワー栽培

　いっぽう、同じタネで、同じときに発芽した真黒《しんくろ》ナス。こちらの土は腐葉土と米ヌカを主体にした堆肥をすきこんでおり、肥料食いといわれるナス栽培だけに、適時、パワー液肥とボカシ肥による追肥を重ねてきたパワー栽培です。

　やはり枝は太くつぎつぎとわき芽を伸ばし、花もたくさんつけ、実の収穫量も多い。

　かぎられたスペースのプランター栽培では、ナスには元肥と追肥によるパワー栽培が不可欠としてきた、わたしの栽培理論が根底からくつがえるかもしれない!? そう思って、それぞれ、収穫した実を切って一晩おいてみました。

明らかなちがいはなかった

　予想では肥料でパワー栽培したナスは変色ありとみたが……、むむっ、どちらも変色しないですねー。目を凝らすと、辛うじて無肥料のほうが白いか? パワー液肥とボカシ肥は、発酵ずみなので、効きがゆるやかでナスの実にアクが残らないのか?

　明らかなちがいがでたならば、栽培理論を考え直さなければならない事態だったのですが、まずはひと安心(?)。なかなか奥が深いですね〜。

大型プランターのパワー栽培

枝は太く葉も大きい。次々と花を咲かせ、たくさん実がなる

葉っぱたちがところ狭しと、光を奪いあっている感じ

ちょっと実験

無肥料栽培の実　パワー栽培の実

切った直後の断面

12時間後の断面!

パワー栽培もアクによる変色はなし!

4
じぶんでタネとり、苗つくり

こだわりの野菜、こだわりの味を求めるなら、
タネからそだてて、なんぼです。
工夫をこらし、いろんな道具を苗つくりに応用します。
まだ寒い時期にタネをまき、
ちょっとずつ大きくなっていく野菜たち。
タネとりもして、子孫をつないだ野菜たち。
かわいさ１００倍！　わが子をそだてる感覚です。

掃除のじゃまですけど……
コンセント、使いたいんだけど……

タネとり用に完熟させたキュウリ

かんたん！

じぶんでタネとり

むずかしそうに思えるけれど、やってみたら意外とかんたん。じゅうぶんに完熟させた野菜のタネは、発芽率ほぼ１００％！

撤収時の忍びなさから解放された

タネから発芽させて育苗し、わが子のようにそだてた野菜。まだ、実がついていても、次作のために撤収せねばならないときがあります。「かわいそうだなぁ～」と忍びなく思っていました。

でも、タネとりをはじめて、その気持ちから解放されました。生きものの本質は、遺伝子を後世に残すこと。野菜たちが生きる目的は、じぶんのタネを残すことだからです。いまでは、「また来年な～！」と声をかけながら、気兼ねなく引っこ抜いております（笑）。

タネとりの基本は、どの作物も完熟まで1～2株（果菜類なら実を1～2個）残しておくこと。意外にもかんたんなのです。愛情を込めて選び、ていねいに自家採種したタネたちは、わたしの期待を裏切りません。翌年のタネまきでは、ほぼ１００％の発芽率を誇るんですよ！

まだ若くて
おいしそうな
ダイコンのサヤ

完熟してタネを
がっちり守る
ソラマメのサヤ

カラが開いて、
はじけそうな
ニラのタネ

風に乗って
旅をする
レタスの綿毛

タネとりすると、みたこともない野菜たちの姿にであえる

完熟した
エンドウマメのサヤ

幾何学模様をつくる
ニンジンの花

オリジナル野菜に進化

野菜のタネを残すにあたり、親と同じ形質（味、形、耐病性など）の子孫を残すには固定種◆のタネでなければなりません。国内では伝統野菜とか在来品種、海外ではエアルーム種とも呼ばれ、その農家や地域の先祖伝来、家や村の宝として守り続けられてきた、個性豊かな野菜たちです。それらは食べるに値するという理由で永年にわたり生き残ってきた、家族や地域の物語を遺伝子に刻み込んだ野菜たちなのです。

そんな貴重なタネが、ネット通販でかんたんに入手できる時代になりました。わが菜園では、ほとんどの野菜が固定種です。タネとりを数年くり返すと、わが家の屋上の環境やプランター栽培に順応し、たとえばトマトなら、〝Solanum Lycopersicum Ando's-Aroi〟（「安藤のアロイトマト」）など、じぶんの名前を（勝手に）つけられるオリジナル野菜に進化していきますよ！

固定種のタネたち

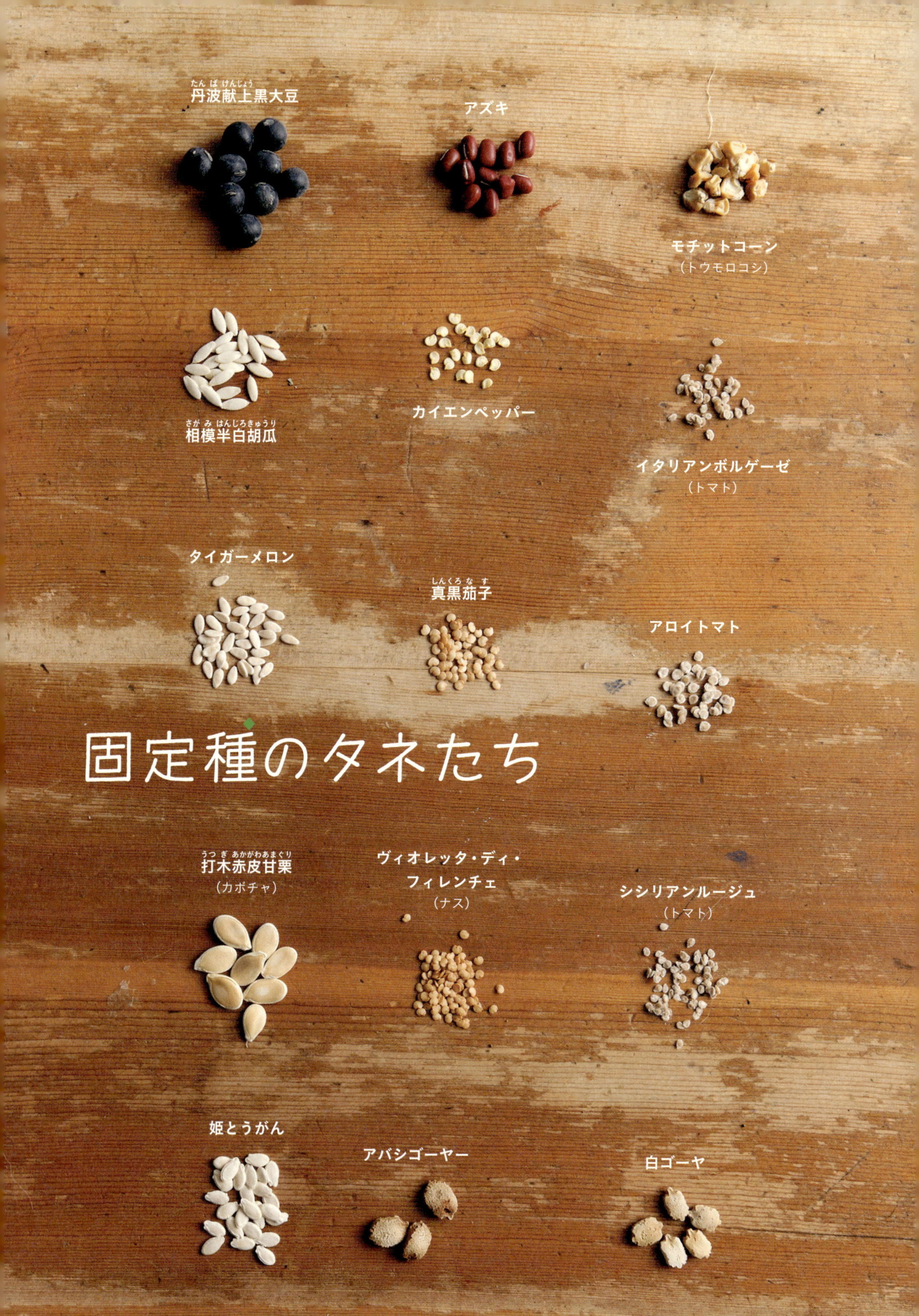

＊シシリアンルージュは固定種ではなく、F_1品種からとったF_2のタネです。

屋上で
タネとりしてきた
スナップエンドウ
河内《かわち》一寸空豆《いっすんそらまめ》
ラッカセイ
雲仙《うんぜん》こぶ高菜
ホウレンソウ
島オクラ
打木源助《うつぎげんすけ》大根
たたら辛味大根
ソバ
サフラン
汐止《しおど》め晩生《おく》葱
大浦太牛蒡《おおうらふとごぼう》
青森ホワイト六片
（ニンニク）
黒田《くろだ》五寸《ごすん》人参
シュガーベイビー
（スイカ）

ヴィオレッタ・ディ・フィレンチェというイタリアのナス。手前のタネとり用は、とにかくでかい！

タネとりのしかた

タネをとるということは、野菜の一生とつきあい、最期のときをみとるということ。交雑を防ぐための、ちょっとした注意点もあります

自家受粉する野菜はかんたん

トマトやナスなど自家受粉する野菜は交雑の心配はありません。だから、一度に何品種でもそだててタネとりすることができます。キュウリは単為結果性が強く、受粉しなくても実をむすぶことがあり、たまに、完熟させて切ってもまったくタネがないばあいがあります。採種をするばあいは、花が咲いたとき

果菜類のタネとり

株がいちばん元気なときに、
いちばんうまそうな実を完熟まで残して採種。
トマトのばあいは、タネのまわりにある
ぬめり(発芽抑制物質)をとるために、
つぶしたものを袋に入れて2〜3日発酵させる

完熟したナスとキュウリ。食べごろのときとは、大きさも色もちがう、驚きの姿！　数日、日陰で追熟させ、水洗いしながらタネをとりだす

キュウリ

キュウリは2本で数十粒しかとれない

ナス

ナスは1つで大量のタネを採取できる

トマト

トマトのタネとり。つぶして、袋に入れて2〜3日発酵

いちばんおいしそうなものを、食べずに樹上で完熟させる

に人工授粉をたんねんにしてあげるとよいでしょう。

他家受粉する野菜はご注意を

また、キュウリやパプリカ、カボチャ、スイカ、ダイコンなど、他家受粉する野菜は、同じ場所で同時に2品種以上のタネとりはできません。ほかの品種と交雑する可能性があるからです。タネには寿命がありますが、数年生きるものも多いので、今年はこの品種、来年はこれ、ときめてタネとりしましょう。

自家受粉する作物

トマト、ナス、ピーマン、オクラ、シソ、バジル、イネ、ダイズ

中間の作物

ゴボウ、ニンジン、ネギ、タマネギ、ソラマメ

他家受粉する作物

ダイコン、カブ、キャベツ、ブロッコリー、ホウレンソウ、キュウリ、スイカ、カボチャ

ニンジンの花。他家受粉するので別品種で同時に花を咲かせると交雑してしまうが、花の色を楽しむためにあえて、紫や黄色の品種をいっしょに植えた

ダイコン

タネが完熟したあと乾燥保存したダイコン。自分のもつすべてのエネルギーを子孫に注いだ、壮絶な親の姿だ

根菜類、葉菜類のタネとり

根菜類は収穫してみて、いちばん形と味がよさそうなものを母本として選び、もう一度植えなおして、開花結実させる。レタスなどのキク科や、コマツナなどのアブラナ科の葉もの野菜は、2株くらい収穫せずにトウ立ちさせて、花を咲かせて結実させる

春、ダイコン(奥)とカブ(手前)の花が咲く。同じアブラナ科だが、属がちがう(それぞれダイコン属、アブラナ属)ので、同時にタネとりできる

ダイコンの母本選抜。ス入り(穴あき)でないか、しっぽの部分を切って検査。まるでマグロの品定めみたい(笑)。「農家でもやらない、マニアックな畑の変態行為だ！」とプロ農家に大笑いされた

ニンジン

ニンジンの母本選抜。形のよいものを選び、中心以外の葉をすべて落として植えなおす

種子の寿命

5年程度 (長命種子)	ナス、トマト、スイカ
3〜4年 (常命種子)	ダイコン、カブ、ツケナ、ハクサイ、キュウリ、カボチャ
2年程度	キャベツ、レタス、トウガラシ、エンドウマメ、インゲンマメ、ソラマメ、ゴボウ、ホウレンソウ
1年 (短命種子)	ネギ、タマネギ、ニンジン、ミツバ、ラッカセイ

また、同じ品目の野菜が近くになかったとしても、同じ科の同じ属の植物とは、交雑してしまいます。とくに、アブラナ科の野菜は同属のアブラナ科野菜とかんたんに交雑するので、キャベツやハクサイ、コマツナ、カブ(すべてアブラナ属)は、一ヵ所で一度にできるのは1つだけです。ダイコンは同じくアブラナ科ですが、ダイコン属なので、キャベツなどと同時にタネとりすることもできます。

サツマイモは食用のものを買ってきて、種イモとして利用できる。左ページの温浴催芽をしたあと、土に埋めると芽がでてくるので、先のほうを切って自家製苗とする

サツマイモ

南国生まれなので、新聞紙にくるみ箱に入れ、暖かい部屋で保存

48℃のお湯に約40分つける。発芽のスイッチが入り、黒斑病の予防にもなるともいわれる。しばらくするとイモから細かい気泡がプクプクでてきて、呼吸がはじまったようにみえる

ジャガイモ

赤ジャガはレッドムーンとアンデスレッドの2種類。紫はパープルキッズ。この3種は原種に近いので、休眠期間が短く、種イモを採種しての春秋連続栽培が可能。ネットに入っているのは市販の別品種

冬越しさせるとすでに芽がでていることも

種イモの保存と芽だし

ジャガイモやサツマイモは、タネではなく、茎や根の栄養繁殖によって子孫をつなぎます

ジャガイモは涼しく、サツマイモは暖かく

ジャガイモは通常、ウイルス病の関係から自家採種を慎むようにいわれますが、わが菜園では、もう何年も、休眠期の短いジャガイモを年2期作することで、種イモをつないでおります。

夏に収穫したら、クーラーのあたる涼しい場所に保管し、9月初旬に、形のよいものを秋植えします。12月に収穫後、風とおしのよい光のあたる場所に保存して、強い芽をださせ、これを2月〜3月に植えていくのです(浴光催芽)。

いっぽう、南国生まれのサツマイモは、秋に収穫したら、寒さから守るように新聞紙で包んで箱に入れ、暖房の効いた暖かい部屋の、棚の上で管理。3月に箱を開け、48℃のお湯に約40分つけておくと、春がきたと悟るようで、水分の補給と発芽のスイッチが入り、すぐに芽と根が動きだします(温浴催芽)。

こだわりのタネで苗つくり

タネからそだてる、こだわり品種の野菜たち。
苗つくりは、まるで赤子をそだてるかのような気のつかいようです！

すくすくと仕上がった、
温室そだちのトマトの苗

陽にあてたいけど、寒い

夏野菜のタネをまくのは2月の中旬。もっともむずかしいのは温度管理です。真冬の厳冬期に25℃をキープしてあげないと、ナスやトマトは芽をだしてくれない。無事に芽をだしてくれたら、今度は徒長しないようにたくさん陽にあててあげたい。

陽にあてたいけれど、寒さにはあてたくない。このコントロールがむずかしいのです。

夫婦ゲンカの原因は？

春が近づくこの時期に、わが家では、夫婦ゲンカが絶えません……。

朝の天気予報とにらめっこをしながら、水槽に入った幼い苗

上/水槽のフタを開け閉めして適温を保つ　左/植えつけ直前。ゴールデンウィーク前の寒波のため、部屋の中にとりこみ好天を待つ

をベランダにだして出勤するのですが、ガラスばりの水槽は、フタをしたままだと、天気がよい3月には40℃を軽く超えてしまいます。

　そこで、そのフタをずらしての温度調整を、家にいる妻にしてもらうのです。会社から天気をうかがい、妻を使って、太陽が顔をだせば「ガラスを5㎝開けてー」。雲ったり雨が降れば、「閉めてー」と遠隔操作をする。妻も忙しいから、うっかり夕方にフタを閉め忘れると、もう一気に一ケタの気温に下がってしまい、幼い苗がカゼをひいてしまうのです。

　夫婦といえど、野菜に対する愛情のかけかたに温度差があるので、「なんで野菜なのにそんなに怒るのよっ？」「もし自分のこどもだったら、寒い外に放置しているのかっ！」とケンカ勃発です……。

　こうして愛情をかけ、葉と葉の間がつまったがっしりした苗が完成すると、愛おしくってたまらない野菜になりますよー。

夏野菜　タネまきの日程

2月中下旬	トマト、ナス、トウガラシ（ミニハウスが必要）
4月初旬	スイカ、メロン（ミニハウスが必要）
4月下旬	キュウリ（ミニハウス不要、夜だけ室内にとりこむ）
5月初中旬	カボチャ、トウガン、ラッカセイ（ミニハウスが必要）
6月初旬	オクラ（露地で直まき）
7月初旬	ダイズ（露地で直まき、晩生種）

熱帯魚用の
水槽とヒーターで

ミニハウスをつくる

熱帯の魚も野菜の苗も、生育適温は同じだ。光をよくとおす水槽と、熱帯魚用のヒーターをつかえば、厳冬期でも、やわらかな光を浴びて幼い苗がすくすくそだつ手づくりミニハウスができる！

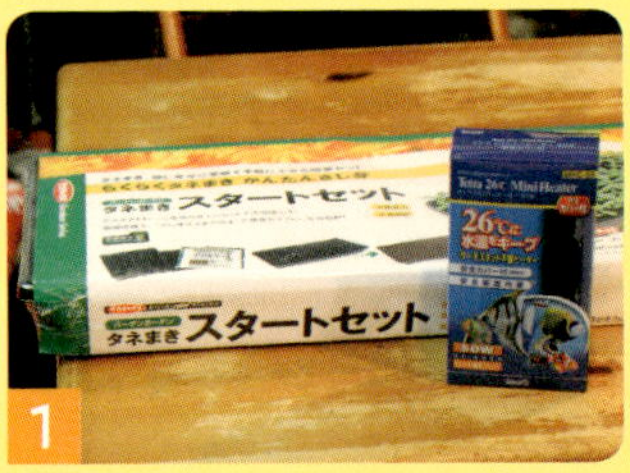

タネまき用の育苗培土と、サーモスタットつきの熱帯魚用ヒーターを購入する

水槽、ペットボトルを用意する。ヒーターはペットボトル内の水を温め、26℃をキープするようにする

ペットボトルの入り口にはビニールを詰めて、水分が蒸発してしまうのをふせぐ

こんな感じで設置。日中、陽あたりのいい日はすぐに40℃を超えるので、フタをずらして換気させる

a. 鉢上げのときに深植えした、トマトの苗　**b** と **c.** ガチャポンカプセル栽培
d. 植えつけまでもう少しのトマト苗

熱帯魚と生育適温が同じ

その昔、野菜栽培をする前は、海水魚飼育を趣味にしていたので、わが家には水槽などの器材がたくさんあります。熱帯の魚も生育適温が野菜の苗と同じなので、魚飼育の器材で育苗用のミニハウスができちゃうんです。

必要なものは、水槽と熱帯魚用のヒーター。太陽のでている日中は、フタをずらせば温度調整ができますが、問題は雨や曇りの日、夜間の気温が下がるときです。そこで、水を入れたペットボトルのなかに、サーモスタットつきのヒーターを入れ、湯たんぽをつくります。水温が下がるとヒーターが作動し、夜でも湯たんぽは26℃をキープします。ミニハウス内の空気の温度は26℃とはいきませんが、フタを閉じておくと、幼苗の生育下限温度である、10℃以上をキープできるのです。

＊ヒーターは必ず空焚き防止構造（水面からでたらスイッチが切れる）のものをつかおう。

c

b

d

5

氷点下になりそうな日の夜は、古い毛布をかけて、ミニハウス内の気温を10℃以上にキープする

6

トマトはひょろ苗でもOK。鉢上げのときに子葉の下あたりまで深めに植えれば、茎から根がはえる(ⓐ)

7

ナスの苗。セルトレイにタネまきしたときは、本葉1〜2枚くらいで、セルトレイからポットに鉢上げする

8

4月中旬、晴れた日はミニハウスの外にだして、外気にならす。やわらかな茎葉がしっかりしてくる

ヒヨコ電球ではダメだった

東京でもまれに3月に雪が降りますが、そんなときは古い毛布を水槽に巻いて防寒してあげます。以前、ヒヨコ電球で育苗をしたことがありますが、温度はうまく25℃〜30℃の適温に保てても、乾燥が激しく葉っぱがしおれてしまいました。ペットボトル湯たんぽヒーターは、湿度も快適に保ってくれて、やわらかい暖かさ。幼苗にとってもやさしいのです！

もう1つ、まだ寒い時期のお楽しみに、ガチャポンカプセル栽培もおすすめです(写真ⓑとⓒ)。レタスのタネなどは好光性種子といって、タネを埋めると発芽しないけれど、土の表面が乾くとやっぱり発芽しない。そんなやっかいなタネたちも、ガチャポンカプセルなら大丈夫。透明の上ぶたが光をとおし、湿度もほどよく保ってくれる。タイムカプセルのようで、とってもかわいいです！

考察！

市販のオレンジトマトから タネとりすると……

交配による新品種の作出は、専門家のたいへんなお仕事。ならば……、素人には品種を分解してあそぶ、という手がある！

市販品種の実

オレンジの中玉でまん丸。これからタネをとり、翌年そだててみる

F_1

F_2

C

3つめのタネからできた実。大きくて赤い！

B

2つめのタネからできた実。やや楕円形で小さめ、オレンジっぽい

A

1つめのタネからできた実。やや大きく、さわやかな黄色

メンデルの法則を試してみる!?

複雑な交配を重ねて作出されているF_1トマト。メンデルの法則で習ったとおり、異なる性質の親をかけあわせた雑種第一代目である市販のF_1品種からは、形や味がきれいにそろったトマ

トができる。しかし、そのこどもたち（F_2◆）は、もともと性質のちがったおじいちゃん、おばあちゃんの特徴がバラバラに現れてきます。なので、F_1品種をそだてた実からタネとりをしても、同じ形質のトマトは現れないといわれる……。

ならば、どんなトマトが出現するのだろうか？　市販のF_1品種をそだて、そのタネを自家採種し、F_2をそだててみました。

同じ実からとったタネなのに……

そだてたのは、オレンジ色の中玉で、まん丸な形のトマト。1つの実からタネとりをして、3株そだててみると……。

まず、1つめの株からは、やや扁平で薄い黄色をした、Aのトマトが出現しました。親よりやや大きめの実です。味はイエロートマトらしく、酸味がなく甘いトマト。

いっぽう、2つめの株の、Bのトマトは、やや楕円形。実の大きさは小粒で色が濃い黄色です。2つを比べると、色も形もぜんぜんちがいます。

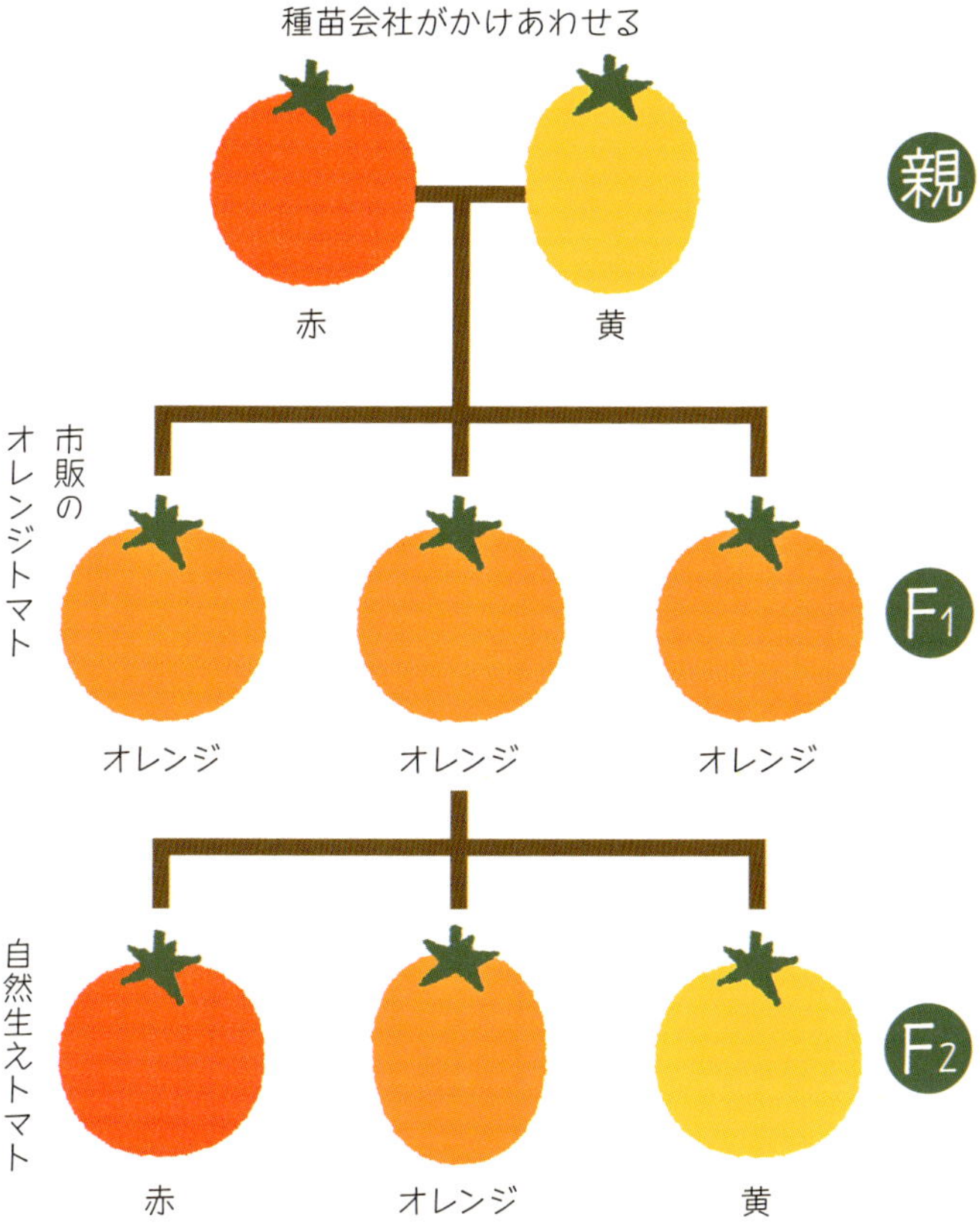

AとBを並べてみると、明らかにちがう

3つを並べると、さらにちがいは歴然！

そして圧巻なのは3つめ、Cのトマト。親のオレンジ色をかもしだしていたのはこの遺伝子でしょうか？　同じ株の1つの実からとったタネなのに、このちがい……。おどろきです！

オリジナルトマト作出へ

たまたまこのときは3株でしたが、もっとたくさんそだてていれば、さらに多様な姿をみせたのかもしれません。

世界的なトマトの育種家が作出したこのトマト、その血統をベランダのプランター畑で紐解きます！　この3つのそれぞれをそだてて、おいしいものを選んで、タネとりをつづければ、5代か6代でほぼ形質が固まってくるそうで、その後、F_3、F_4とタネをとりつづけています。

わが家のオレンジ・イエロー部門を担うオリジナルトマトとして選抜固定ができそうです。

わたしの菜園タイムスケジュール

仕事や地域の役をかかえながら行なう、趣味の野菜づくり。どんなふうにこなしているかをまとめてみました

1日のスケジュール

4:00am——起床　パソコンメールチェック

5:00am——屋上菜園へ

——○水やり ○観察 ○収穫 ○撮影 ○簡単な作業

7:00am——朝食、ブログ投稿

7:30am——出勤

8:00am——お仕事

12:00am——昼食

12:30am——お昼寝

13:00pm——お仕事

19:30pm——帰宅　ウォーキング

20:30pm——入浴

21:00pm——夕食

23:00pm——就寝

野菜にあわせた生活です

毎朝の水やりが最大のポイント

毎朝、日の出とともに起きて、出勤前の2時間ほどが畑の時間です。30分ほどかけて水やりをしながら、観察をし、その日のブログネタになりそうな野菜や生き物たちのキラメキをさがします。その後、収穫や撮影を行ない、簡単な作業を終えると、7時にパソコンにむかって朝食をとりながら、写真をとりこんだり、ブログに投稿したり。

年間の菜園スケジュール

1月	夏野菜のタネの物色、土つくり、ジャガイモの浴光催芽、果樹苗の剪定・植えかえなど
2月	中旬にジャガイモの植えつけ、ミニハウス準備、中旬から下旬にトマトとナスのタネまき、果樹への施肥
3月	夏野菜の育苗、サツマイモの苗つくり
4月	夏野菜の育苗、定植用のプランターの準備、ウリ科野菜・トウモロコシ・その他の野菜のタネまき
5月	まだ幼苗で水やりの心配のいらない野菜を家に残し、連休には旅行にでかける。連休明けから毎朝、野菜苗の定植を開始。ダイコンのタネとり、繁忙期に……
6月	サツマイモ・オクラなどのタネまきや植えつけ、夏野菜の誘引や結束など、梅雨入り前にジャガイモ掘り、ダイズ(晩生種)のタネまき
7月	朝晩の水やり2回体制、夏野菜の収穫開始、だいたい7月15日くらいが夏野菜の最盛期！　ニンジンのタネまき
8月	お盆のころにナスの更新剪定、中旬よりトマト・キュウリの片づけ、下旬にトマトを完全撤収してダイコンに切りかえ
9月	第1週までにダイコンのタネまき、他の夏野菜の撤収、下旬にカブや葉もの野菜のタネまき
10月	中旬から下旬にソラマメ・エンドウのタネまき、サツマイモ掘り
11月	ナスの撤収、ダイコン・ニンジンなど秋野菜の収穫開始、黒豆の収穫、ケヤキの落ち葉を集めて腐葉土つくり
12月	ダイコン・ニンジンの母本選抜と植えこみ、秋冬野菜の撤収、土ふるい、自家採種のタネの確認

炎天下の中、灼熱の屋上で意識がとぶような作業

まるでニューヨークのビジネスマンのように(?)あわただしく、30分で支度をすませます。

冬は日の出が遅くなるので、起床が最大6時まで遅れますが、その分、水やりの量と時間も減っているので大丈夫。やはり、プランター菜園の最大のポイントは、毎朝の水やり。車やバイクの洗車と同じで、水やりを欠かさず続けることが、メンテナンスの基本。野菜たちの細かな変化に気づく観察眼を磨くいちばんの近道です。

職場は自宅から30分ほどですが、自営業ゆえ、土曜・祝日は出勤しており、休みは日曜だけです。午前中に菜園の大きな作業(ネット張り、土つくり、肥料つくり、配置換え、小学校の畑の世話、撤収、植えつけなど)をすませ、日曜日の半日はなるべく休息にあてたいですが、そうもいかず、PTAの仕事など、他の用事をこなします。どこかで夜の飲み会が入ると途端にバランスが崩れ、ペースを戻すのに3日はかかりますかね……。

用語解説

あ

赤玉土【あかだまつち】
関東ローム層上でとれる、火山灰を乾燥させた赤土を、ふるいでふるって微粒子をのぞき、玉状にしたもの。通気性に富み、保水力・保肥力が高い。砂利の代わりにメダカの水槽に入れると、微生物の働きで水質浄化の効果があるといわれている。 →30、36、38、46、50p

油粕【あぶらかす】
ダイズ、ラッカセイ、ナタネなどから油をしぼった後の残りカス。チッソを多く含み、有機質肥料や家畜の飼料として、使われる。 →23、32、34p

栄養成長【えいようせいちょう】
植物が発芽してから花芽をつけるまでの間に、根や茎、葉などを発達させること。人間でいうと、思春期くらいまでの体づくりの時期。根で吸収した栄養や、光合成で得たエネルギーを茎葉や根の成長につかう。この時期の新芽から伸びるのは、おもに葉や枝で、花は少ない。生殖成長に入ると、盛んに花を咲かせはじめる。 →33p

液肥【えきひ】
肥料成分を水に溶かした肥料。水で薄めるだけで手間がかからず、速く効く。ただし、肥料効果が切れるのも早い。 →23、29、31、32、34、53p

F_1品種【えふわんひんしゅ】
性質のちがうタネどうしを、お互いの優れた性質が現れるようにかけあわせたタネ。現在売られているタネはF_1品種が多い。優秀な性質がそろうのは1代めだけで、F_1品種からタネをとって2代めをそだてても、現われる性質はさまざまになる。 →58、70p

F_2【えふつー】
F_1品種からできたタネ。スーパーで売られているF_1野菜に入っているタネはF_2。これをそだてると、できる実の性質はさまざまになる。 →58、71p

温浴催芽【おんよくさいが】
サツマイモの種イモをお湯につけて水を吸わせ、芽だしを促すこと。48℃のお湯に40分間浸ける。同時に黒斑病の予防にもなる。 →65p

か

カキガラ石灰【カキガラせっかい】
牡蠣の殻を粉砕して肥料にしたもの。石灰岩を原料とした消石灰と比べると、主成分の炭酸カルシウムは少ないが、チッソ、リン酸、カリ、マグネシウムなど、海のミネラルが豊富。 →30、39、40p

カニガラ
カニの殻。粉砕して肥料にする。チッソやリン酸とともに、カルシウム、マグネシウムほかの海のミネラルも豊富だが、土壌障害や作物の病気を予防するはたらきのあるキチン質を豊富に含む。 →34p

休眠【きゅうみん】
生物が生きにくい環境になったとき、成長や活動を一時的に休止し、ふたたび環境が整うまで眠る(エネルギーを最低限に抑えて生きる)こと。動物の冬眠も、休眠のひとつ。 →65p

魚粉【ぎょふん】
魚を乾燥させて粉末にしたもの。チッソ、リン酸を多く含み、有機質肥料や家畜の飼料として使われる。 →34p

鶏糞【けいふん】
ニワトリの糞を肥料にしたもの。鳥類は空を飛ぶために、腸が短い。その性質を引き継いでいるニワトリも、食べたらすぐに糞尿をだすので、消化されずに残った栄養分(肥料成分)が多く含まれる。 →32p

好光性種子【こうこうせいしゅし】

発芽するときに、光があるほうが発芽がよいタネ。土を厚くかけすぎると発芽しない。逆に、ダイコンなど、光がないほうが発芽がよいものを嫌光性種子という。一般に雑草には好光性種子が多く、栽培植物でも、野性味を残した作物は好光性の傾向がある。→69p

交雑【こうざつ】

遺伝的に異なる2つの個体が受粉、受精すること。交雑の結果として雑種ができる。→60p

更新剪定【こうしんせんてい】

新しい枝葉、花芽を促すために、古い枝葉を切り落として剪定すること。ナスなどの夏野菜にとっても、高温多湿の日本の夏は厳しく、栽培しつづけると株がバテてしまう。そこで、お盆のころに、多くの枝葉や根を切って1ヵ月ほど株をやすませながら新しい芽や根の発生を促す。そうして、涼しくなってから秋ナスを収穫する。→35、73p

固定種【こていしゅ】

各地にある地方野菜や伝統野菜など、何世代にもかけて選抜をくり返し、固定された形質が受け継がれている品種。土地土地の気候や風土に適応した性質になっている。

いっぽう、ちがった形質をもった品種どうしをかけあわせてそだてた雑種第一代がF_1品種。F_1品種をそだててタネをとっても、性質はバラバラになるが、固定種からできたタネの性質は親とほとんど同じ。→57、58p

さ

酸度調整【さんどちょうせい】

土壌の酸度を調整すること。日本は雨(弱酸性)が多いため、土壌は酸性が高い傾向があるが、多くの野菜は酸性ではそだちにくいので、作付前に石灰をまき、中和させることが多い。→30、39p

自家受粉【じかじゅふん】

同じ株の花の花粉で受粉すること。これに対し、他の株の花粉で受粉することを、他家受粉という。自家受粉を長い期間くり返すと、遺伝的な多様性は減少して、異常気象など環境の変化に対しての適応性は低下することがある。→60p

人工受粉【じんこうじゅふん】

ふつう受粉は昆虫などによって自然に行なわれるが、より確実に着果させるため、植物のめしべの柱頭におしべの花粉をつけ、人工的に受粉させること。→61p

生殖成長【せいしょくせいちょう】

植物が花芽をつくり、開花して種子や果実をつくること。人間でいえば、思春期から青年期で、子孫を残すための体づくり(栄養成長)ができたあとにはじまる。

トマトやナスなど、実を収穫しつづける野菜は、生殖成長に入ったあとも、栄養成長が同時につづくが、スイカやメロンなどは、栄養成長から生殖成長への切りかわりがはっきりしている。→33p

セルトレイ

育苗のための容器。連なった四角すいや円すいの穴にタネをまく。一度にたくさんのタネをまくことができて間引きの必要がなく、苗どうしの根もからまないなど、苗を効率的にそだてることができる。→69p

草木灰【そうもくばい】

草木を燃やしたあとに残る灰。カリウム、カルシウム分を多く含む肥料になる。カリウムは根《ね》肥《ごえ》とも呼ばれ、根の生育に不可欠。サツマイモやダイコンを太らせるための養分としても使われる。→34p

た

堆肥【たいひ】

ワラ、落ち葉、家畜ふん尿、生ごみなどを堆積し、発酵させたもの。肥料分はごく少なく、おもに地力の維持や土壌改良につかわれる。 ↓31、39、40、53p

他家受粉【たかじゅふん】

ある花の花粉が、異なる株の花のめしべについて受精すること。他家受精ともいう。 ↓61p

単為結果性【たんいけっかせい】

受精しなくても実ができること。単為結果する野菜は、キュウリが代表的。受精しないでできた実には、タネが入っていない。 ↓60p

団粒構造【だんりゅうこうぞう】

砂や粘土鉱物、腐植物質などの小さな粒がくっついて固まった、「団粒」でできた土の構造のこと。

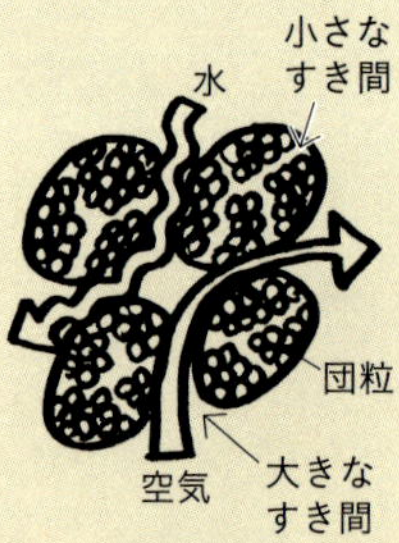

団粒構造

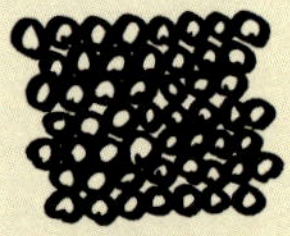
単粒構造

団粒のなかの小さなすき間には水などが保たれ、団粒と団粒の間にある大きなすき間には水や酸素が通る。そのため、団粒構造のある土は水もちがよいのと同時に、水はけと通気性がよいやわらかい土になる。作物の根も団粒構造のすき間をぬって伸びるので、作物にとって生育しやすい環境になる。 ↓31、36、52p

チッソ【ちっそ】

作物の成長に大きな影響を及ぼす重要な元素で、リン酸(P)、カリ(K)とともに肥料の3要素の1つ。チッソが足りないと生育が悪く、葉は小さく、下のほうの葉は黄化するなどの症状がでる。いっぽう、チッソが多いと生育は旺盛になるが、軟弱になって病害虫の被害を受けやすくなる。 ↓23p

追肥【ついひ】

作物を大きく成長させたり、花を咲かせたり、果実をつけたりと、とくに養分が必要なときや、最初に施した肥料(元肥)では足りないばあいに、速効性の肥料などをあたえること。また、その肥料のこと。 ↓31、33、52p

摘心【てきしん】

茎(枝)やツルの先端を摘みとること。先端にある成長点がなくなると、植物は葉のつけ根(葉腋《ようえき》)から新たな芽を伸ばそうとする。 ↓45p

徒長【とちょう】

植物の枝や茎が、必要以上に伸びること。徒長すると細胞壁が薄くなり、虫にとっては食べやすく、ウイルスは侵入しやすくなる。ヒョロッと縦に伸びるので、風で倒れてしまうことも。とくに苗づくりをするとき、農家がもっとも気をつかうポイントの1つ。 ↓66p

は

培養土【ばいようど】

栽培する植物(作物)に合わせ、あらかじめ数種類の用土や土壌改良資材などを混ぜ合わせ、腐熟させている土。 ↓29、30、36、40、52p

発芽抑制物質【はつがよくせいぶっしつ】

実のなかでタネが発芽しないよう、タネについている物質。トマトのゼリー状の部分や、カボチャのワタと呼ばれる繊維状のもののなかに含まれている。 ↓61p

微量要素【びりょうようそ】

作物の生育に欠かせない元素のうち、必要量が比較的少ない元素。鉄、マンガン、ホウ素、亜鉛、銅、モリブデン、塩素、ニッケルの8元素が微量要素として認められている。鉄欠乏による新葉の黄化のように、微量要素の不足は特徴的な欠乏症を生じさせる。
→30、34p

腐葉土【ふようど】
落ち葉が堆積して腐ったもの。土をやわらかくして根の成長を助ける。保水性、保肥性、通気性にすぐれ、培養土の配合や土壌改良によくつかわれる。
→9、30、34、36、39、50、73p

ボカシ肥【ぼかしごえ】
油粕、魚粕、米ヌカ、鶏糞、生ごみなどに山土やモミガラなどを混ぜ、発酵させてつくる有機質肥料。微生物がつくるアミノ酸やビタミンなどが豊富で、病気に強く、味のいい作物の生産につながる。
→30、34、39、53p

母本選抜【ぼほんせんばつ】
タネを採種するための株を選ぶこと。優良なタネを残すために、色や形などが優れたものを選ぶ。
→63、73p

ま

元肥【もとごえ】
タネまきや植えつけの前に施す肥料。畑全面にまいて耕す「全面施肥」と、タネや苗を植えるところにだけ溝を掘って肥料を入れ、部分的に耕したり土をかぶせたりする「溝施肥」がある。
→31、33、52p

ミカンの皮
野菜やくだものの皮には、紫外線や病害虫から身を守るための成分が多く含まれ、農業にも用いられている。ミカンの皮は、ネギの植え穴や土寄せするときに乾燥させて細かくしたものを入れて赤サビ病を防ぐなど、病害虫対策としてよく使われる。
→28、34p

モミガラくん炭【もみがらくんたん】
米のモミガラを炭に焼いたもの。肥料として、またイネや野菜の育苗培土としてなど、いろいろに使える。保水性・通気性の確保に役立ち、微生物の棲みかとなって、土の微生物相を豊かにする。
→39p

や

有機物【ゆうきぶつ】
炭素と酸素が中心となっている化合物。燃やすと二酸化炭素を発生し、黒くこげて炭になる。生物の体は有機物でできていて、微生物によって完全に分解されると無機物(植物の栄養)になる。だから、畑に入れる有機物の肥料効果はすぐに現れない。また、土の中の有機物のうち、生物と新鮮で未分解のものを除いた、分解途中のものを腐植と呼ぶ。
→28、30、34、39p

浴光催芽【よっこうさいが】
休眠状態にあるジャガイモの種イモに、6~20℃の環境下で光をあて、強い芽をつくる方法。出芽をすすめるほか、茎数の増加や収量の増加などの効果がある。
→8、65、73p

わ

わき芽【わきめ】
茎のいちばん上の芽(頂芽《ちょうが》)に対し、茎と葉の間(節)からでてくる芽。腋芽《えきが》ともいう。
トマトの1本仕立てでは、頂芽に栄養を届けるために、わき芽はすべてとる。ナスの3本仕立てでは、元気のよいわき芽を2本残し、頂芽とあわせて3本で仕立てるなど、わき芽をとったり残したりすることで、株の形をつくっていく。
なお、ツル性のウリ科植物などでは、わき芽からでたツルを子ヅルと呼ぶ。
→40p

タネの入手先

わたしが利用しているタネ屋さんです。
いずれも、インターネットで購入できます。

野口種苗研究所

埼玉県飯能市仲町8-16
☎042-972-2478

家庭菜園用に
全国の固定種を販売

ナチュラル・ハーベスト

東京都新宿区西新宿
4-14-7-1305
☎03-6912-6330

ヨーロッパの
伝統品種を直輸入

たねの森

埼玉県日高市清流117
☎042-982-5023

無農薬・無化学肥料の
固定種を販売

信州山峡採種場

長野市信州新町竹房97-1
☎026-262-2313

家庭菜園向けに
地方品種の販売

自然農法国際研究開発センター

長野県松本市波田5632番地1
☎0263-92-6800
FAX 0263-92-6808

自然農法の技術の確立や
育種を行なう

※まずはFAXか郵送でカタログを
ご請求ください

太田種苗

滋賀県近江八幡市十王町336
☎0748-34-8075

伝統野菜から、最新品種、
珍しい野菜まで

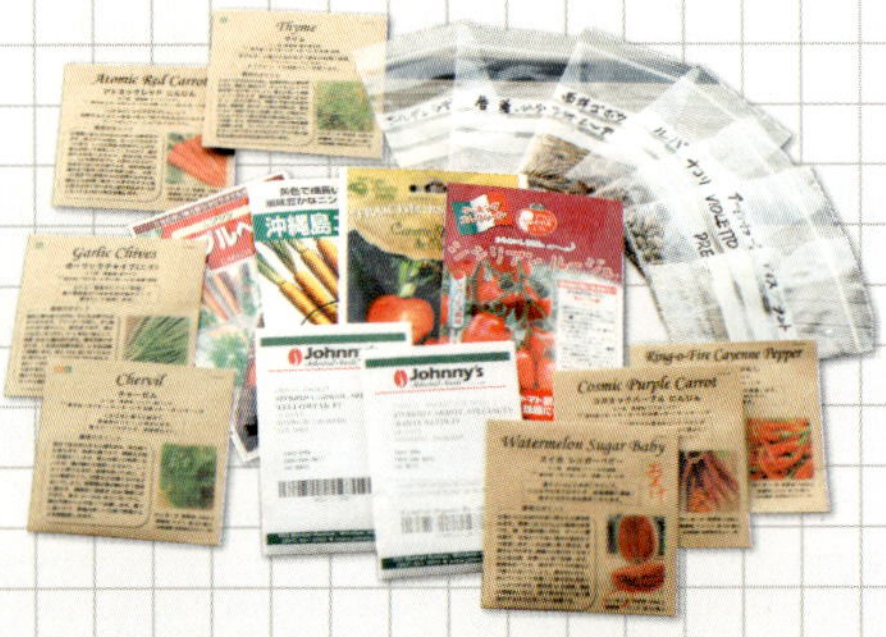

著者
安藤康夫

東京都板橋区在住。2006年よりプランター野菜栽培を開始し、現在に至る。伝統野菜を中心にタネとりをくり返し、屋上プランターに順応した野菜を探究している。

日々の野菜の観察のようすをブログ『Hanna-papaの菜園日記2』で公開。

プランターで有機栽培 1
土つくり・タネとり・苗つくり

2014年3月20日　第1刷発行

著者 ———— 安藤康夫

写真 ———— 黒澤義教、安藤康夫
デザイン・装丁 ———— 野瀬友子
扉イラスト ———— 菅野カズシゲ
制作 ———— 株式会社農文協プロダクション
印刷・製本 ———— 凸版印刷株式会社
発行所 ———— 一般社団法人　農山漁村文化協会
〒107-8668　東京都港区赤坂7-6-1
☎ 03-3585-1141（営業）
☎ 03-3585-1159（編集）
FAX 03-3589-1387
振替 00120-3-144478
URL　http://www.ruralnet.or.jp/

ISBN978-4-540-13194-3

農文協の本

花も実もある
よくばり！緑のカーテン
野菜と花おすすめ23品目
サカタのタネ「緑のカーテン」普及チーム著
1500円＋税　B5判　64頁

たわわに実るミニメロン、香りただよう白花ユウガオ、さまざまな野菜や花の輪作など、緑のカーテンの多様な楽しみ方を紹介。野菜と花23品目の栽培のポイント、よくあるQ＆Aなど、かゆいところに手が届く情報満載。

もっと上手に市民農園
4.5坪・45品目　小さな畑をフル活用
齊藤進著
1200円＋税　A5判　108頁

市民農園で野菜をつくって30年。15㎡（4.5坪）の狭い畑をフル回転させて、年間約45品目の野菜をつくる。ビギナーの失敗を防ぐ作付け計画のつくりかた、施肥のコツと落ち葉主体の土つくりをイラスト付きで解説する。

自然農薬のつくり方と使い方
植物エキス・木酢エキス・発酵エキス
農文協編
1400円＋税　A5判　144頁

自然農薬による防除は植物自身がもっている抗菌・殺虫成分を利用する。煮出し、木酢、砂糖による発酵と、それぞれの方法で植物の成分を引きだし、効果的に活用している3人の実践を、わかりやすいイラストで紹介。

大判　庭先でつくる果樹33種
小さく育て大きく楽しむ
赤井昭雄著
1700円＋税　AB判　194頁

ブドウの垣根仕立てやキウイのTバー仕立て……。小さな庭にぴったりのそだてかたを、豊富なイラストで解説。コンパクトな樹形に仕立てれば、成りぐせがつき、せん定も樹形維持も容易になる。待望のロングセラー本を大判化。

現代農業特選シリーズ　DVDでもっとわかる8
飼うぞ　殖やすぞ　ミツバチ
農文協編
1800円＋税　A4判　68頁

人気急上昇のミツバチ飼育。野生ミツバチの捕獲と長く飼い続けるための飼育のコツ、野菜や果樹の交配バチを長生きさせる管理法、蜜ろう加工など。農家の工夫で見えてくるミツバチの生態はおもしろい！　DVD76分付き。